기독교문서선교회(Christian Literature Center: 약칭 CLC)는 1941년 영국 콜체스터에서 켄 아담스에 의해 시작되었으며 국제 본부는 미국 필라델피아에 있습니다. 국제 CLC는 59개 나라에서 180개의 본부를 두고, 약 650여 명의 선교사들이 이동 도서차량 40대를 이용하여 문서 보급에 힘쓰고 있으며 이메일 주문을 통해 130여 국으로 책을 공급하고 있습니다. 한국 CLC는 청교도적 복음주의 신학과 신앙 서적을 출판하는 문서선교기관으로서, 한 영혼이라도 구원되길 소망하면서 주님이 오시는 그날까지 최선을 다할 것입니다.

추천사

안 명 준 박사
평택대학교 피어선신학대학원 조직신학 교수, 한국장로교신학회 회장

이 책은 어거스틴(Augustinus)이 보여 주는 진정한 사랑의 개념을 통하여 왜곡된 사랑 속에서 잘못된 사랑을 갈망하는 현대인들에게 도움을 주고 있다.
저자는 소외와 결핍으로 고뇌하는 현대인들에게 하나님의 사랑의 충만함으로 채워지길 바라는 동기와 목적을 가지고 어거스틴의 사랑 개념을 관계적 측면에서 연구하되 사랑의 방향성, 연합성, 그리고 거룩성을 연구하였다.
연구의 결과로 하나님에 대한 진정한 질서의 사랑을 제시하였는데 질서의 사랑이란 바른 대상을 사랑하는 것이고, 바른 대상과 연합하는 것이며, 그리고 사랑하는 대상처럼 사는 것인데 여기서 사랑의 바른 대상은 하나님이라고 주장한다.
저자는 사랑의 하나님이 우리에게 사랑을 보여주신 것은 사랑을 배워서 서로를 사랑하게 하기 위함임을 오늘날 독자들에게 설득하고 있다.

양 유 성 박사
평택대학교 피어선신학대학원 목회상담학 교수

이우금 박사가 평택대학교에서 상담학으로 박사학위를 취득한 후 다시 조직신학으로 전공을 바꿔서 두 번째 시작한 박사 과정에서 상담학과 신학을 통합하는 어려운 과정 끝에 나온 귀한 산물이 이 책이다. 어거스틴의 생애를 읽기 쉽게 내러티브 방식으로 구성하였고, 그의 삶을 사랑의 심리로 집중 조명하면서 신학적으로 해석하였다.
인간의 사랑은 진실한 사랑과 거짓된 환상에 사로잡힌 사랑, 성숙한 사랑과 미숙한 사랑, 건강한 사랑과 어둡고 병든 사랑으로 양면성을 띠고 있다.
이 책의 저자인 이우금 박사는 어거스틴 연구를 통해 '쿠피디타스'(*cupiditas*)와 '카리타스'(*caritas*)의 두 가지 사랑의 속성을 신학적으로 대비시켰다. 이 책이 어거스틴을 연구하는 분들에게, 사랑의 신학적 개념을 연구하는 분들에게 귀한 자료로 널리 읽히기를 기대한다.

The Concept of Love in Augustine
Written by Wookeum Lee
All rights reserved.
Korean Edition Copyright ⓒ 2019 by Christian Literature Center, Seoul, Korea

어거스틴의 사랑 개념

2019년 9월 27일 초판 발행

지은이	|	이우금
편집	|	구부회
디자인	|	노수경
펴낸곳	|	(사)기독교문서선교회
등록	|	제16-25호(1980.1.18)
주소	|	서울특별시 서초구 방배로 68
전화	|	02-586-8761~3(본사) 031-942-8761(영업부)
팩스	|	02-523-0131(본사) 031-942-8763(영업부)
이메일	|	clckor@gmail.com
홈페이지	|	www.clcbook.com
송금계좌	|	기업은행 073-000308-04-020 (사)기독교문서선교회

ISBN 978-89-341-2033-9 (93230)

이 도서의 국립중앙도서관 출판예정도서목록(CIP)은 서지정보유통지원시스템 홈페이지 (http://seoji.nl.go.kr)와 국가자료공동목록시스템(http://www.nl.go.kr/kolisnet)에서 이용하실 수 있습니다. (CIP제어번호: 2019034344)

이 책의 저작권은 저자와 (사)기독교문서선교회가 소유합니다. 신저작권법에 의하여 한국 내에서 보호받는 저작물이므로 무단 전재와 무단 복제를 금합니다.

어거스틴의 사랑 개념

목차

추천사   1
안 명 준 박사 | 평택대학교 피어선신학대학원 조직신학 교수, 한국장로교신학회 회장
양 유 성 박사 | 평택대학교 피어선신학대학원 목회상담학 교수

감사의 글   6
서론   8

제1장 사랑에 대한 고찰   12
  1. 사랑의 정의   12
  2. 어거스틴의 사랑과 실재   22

제2장 청년 어거스틴의 쿠피디타스   26
  1. 소유적 사랑   26
  2. 왜곡된 사랑   37
  3. 노예 된 사랑   47

제3장 어거스틴의 회심과 사랑의 전향   54
  1. 회심의 여정   54
  2. 은혜와 사랑의 전향   68

제4장 회심 후 어거스틴의 카리타스   76
  1. 하나님께로 향하는 사랑   76
  2. 하나님과 연합된 사랑   92
  3. 질서의 사랑과 향유   108

제5장 카리타스와 교제의 사랑   126
  1. 사랑의 방향성   128
  2. 사랑의 연합성   142
  3. 사랑의 거룩성   155

결론   178
  1. 요약   178
  2. 제언   182

참고문헌   185

감사의 글

이 우 금 박사
평택대학교 피어선신학대학원 외래교수,
한국목회상담협회 감독, 가나안교회 상담코칭센터장

젊은 날 어거스틴(Augustinus)의 『고백록』을 읽고 심취된 적이 있었습니다. 그러나, 오랫동안 그 사실조차도 까마득하게 잊고 살았습니다.

어렵고 힘든 시간 중에 신학 공부를 하면서 어거스틴을 다시 만나게 되었습니다. 처음 그를 만났을 때는 그의 표현의 천재성에 감탄했지만, 고난 중에 다시 만난 그는 나의 영적인 멘토가 되었습니다.

다음은 어거스틴의 『고백록』 중에 나오는 "모든 것을 아시는 영원자 하나님"이라는 제목의 글입니다.

오 주님, 당신은 영원하시기 때문에 내가 당신께 아뢰는 이 고백을 다 알고 계십니다. 그러지 않으시면 당신은 시간 속에서 시간을 따라 일어나는 사건만을 아시는 것이 됩니다.

그러면 내가 왜 당신 앞에서 이와 같은 이야기를 늘어놓는 것입니까?

그것은 당신이 나에게서 무엇을 배우라는 뜻에서가 아니고 이 고백을 통해 당신께 향하는 나의 사랑과 독자들의 사랑이 일깨워져서 다 같이 "주님은 위대하시니 크게 찬양을 받으실만 합니다"라고 말하기 위함입니다. 내가 이미 이것을 말하였거니와 내가 여기서 또 말하겠습니다. 나는 당신의 사랑을 사랑하기 위하여 이 고백을 하는 것입니다.

어거스틴과 같은 고백("당신의 사랑을 사랑하기 위하여")이 저의 고백이 되기를 갈망하는 마음으로 어거스틴의 사랑 개념을 연구하게 되었습니다.
이 책이 나오기까지 큰 사랑의 이야기가 있었습니다.
지나간 발걸음 걸음마다 간섭하시고 현재까지 인도하신 하나님의 섭리와 사랑을 깨달으면서 그 사랑의 결과로 이 책을 마칠 수 있었습니다. 기쁨으로 어거스틴의 사랑 개념을 연구하게 하시고 잘 마무리하신 하나님께 영광을 올려드리며, 따뜻한 마음으로 저를 격려해 주신 모든 분들과 가족들의 사랑에 깊이 감사드립니다.
언제나 곁에서 큰 버팀목이 되어 주는 나의 사랑하는 딸 윤경과 사위 은호에게 감사하며, 하나님의 사랑과 축복을 전합니다.

2019년 8월
인천 송도에서

서론

현대인들은 사랑을 갈망한다. 실존론적으로 결핍의 존재인 현대인이 추구하는 것은 사랑의 채움, 곧 사랑의 충만함일 것이다. 사랑으로 충만할 때 결핍에서 발생된 소외에서 벗어날 수 있을 것이라는 기대로 현대인들은 사랑을 찾아 방황한다. 특히, 많은 사람은 "하나님은 사랑이시라"(God is Love) 하여서 사랑을 찾아 교회로 온다.

그러나 그들이 찾던 사랑이 없어 실망하며 나가는 곳이 현재 우리들의 교회 모습이 아닐까 생각한다.

왜 교회 안에는 기대하는 사랑이 없는 것일까?

저자는 이런 현상을 사랑의 개념에 대한 인식의 충돌로 본다.

그들이 교회 안에서 찾고 있는 사랑이란 무엇인가?

세상에서 사랑이라 여기는 사랑의 개념과 기독교의 사랑의 개념은 서로 일치되기가 어렵다.[1] 일반적인 사랑의 개념과 기독교의 사랑의 개념은 근본부터 다르기 때문이다. 일반적 사랑은 상호적이고 획득적 개념이다. 반면에 아가페의 사랑은 수용적 사랑이다. 그러나 일반적인 사랑 개념에 익숙한 교회 출석자와, 특히 비기독교도인들은 아가페의 사랑을 이해하기 어려울

---

1 사랑을 정의하기 어려운 까닭은, 적어도 부분적으로는, 사랑이 단일 차원의 심리 상태가 아니라 광범위하고 다양한 관계 속에서 체험되는 복합적이고 다면적인 현상이라는 사실에 있는 것 같아 보인다. 참조: Aronson W. Elliot, 구자숙 외 역 『사회심리학』 (서울: 탐구당, 2002), 409.

뿐 아니라, 사랑에 대한 환상으로 왜곡된 기대감을 가짐으로써 교회를 떠나게 된다.

그렇다면 상호적이고 획득적인 사랑의 개념과 아가페 사랑을 연결할 끈은 무엇일까?

저자는 상호 획득적 사랑을 갈망하는 자들을 아가페적 사랑으로 채울 수 있는 변증이 무엇인가를 고심하게 되었고, 이것이 어거스틴(Augustinus)의 사랑 개념을 연구하는 동기가 되었다.

"사랑한다는 것이 어떤 것을 소유함으로써 자신이 행복하게 되리라 기대하고, 그 대상에게 자신의 동경과 욕망을 향하게 하는 것이다"라는 어거스틴의 근본 사상은 모든 사랑이 획득적인 사랑(acquisitive love)이라는 것이다.[2] 욕망으로 이해되는 사랑 개념과 그것에 관련된 행복 추구는 기독교의 아가페 사랑과는 무관한 것처럼 보인다.

그러나 모든 사람이 행복하기를 원한다는 것이 어거스틴의 중요한 사상이다. 그의 사상은 기독교를 대적하는 자들에게도 기독교를 추천할 때에 "모든 사람이 행복하기를 원해서 사랑한다"라는 부동의 사실이 사랑 개념의 변증론적 요구 사항들을 만족시키기 때문이었다.

이런 점에서 어거스틴의 사랑 개념은 교회 안과 밖의 현대인이 찾는 사랑의 개념과 일치점을 발견할 수 있다. 서로 빗나간 사랑의 개념을 연결할 수 있는 접촉점이 있다는 것이 그의 사랑 개념의 독특성이다.

특히, 방탕했던 그의 청년기의 고백은 신앙적이지 않은 사람들에게도 언어적 설득력이 있다. '세상을 사랑하는 탕자의 사랑'과 '돌아온 탕자의 사랑'을 모두 경험한 그의 사랑은 우리에게 어거스틴의 개인적 사랑의 고백

---

[2] A. Nygren, *Agape and Eros: the Christian Idea of Love*, 『아가페와 에로스』, 고구경 역 (서울: 크리스천다이제스트, 1998). 476.

을 넘어 하나님과의 사랑을 배우게 한다. 그는 하나님께서 우리에게 사랑으로 계시하는 궁극적 목적은 우리에게 사랑하는 법을 가르치려는 것이라고 주장한다. 결국, 인간은 사랑하려면 사랑을 배워야 한다.

그렇다면 그의 사랑 개념은 구체적으로 무엇인가?

젊은 날 자기 사랑의 대상을 찾아 헤맸던 어거스틴은 이렇게 말했다.

당신은 무엇인가를 사랑하지 않는다고 말하는가? 전혀 그렇지 않다. 만약 당신이 무엇을 사랑하지 않는다면 당신은 생명이 없는, 죽은, 증오하는, 비참한 사람일 것이다. 사랑하라. 그리고 분산된 마음으로가 아니라 마음을 집중하여 마음의 지향으로서 사랑하라.[3]

사랑은 의지를 움직이는 내면적 힘이고, 의지가 인간을 뜻한다면 인간은 본질적으로 그의 사랑에 움직여진다는 것이다.[4]

인간에게 사랑을 끊는 것은 인간을 본질로부터 분리함을 의미하는 것이고, 인간이 그 자신이 되는 것을 막는 것을 의미한다는 뜻이다. 결국, 사랑의 가치가 의지의 가치를 규정하고, 의지로부터 생기는 행동의 가치를 결정한다는 것이다.[5] 그래서 어거스틴은 "나의 무게는 나의 사랑이다"[6]라고 말한다. 욕망의 중독자로 전락했던 어거스틴은 사랑해야만 하는 사랑의 대상을 사랑할 때, 비로소 사랑의 충만하게 됨을 스스로 고백한다.

---

[3] St. Augustinus, *Confessions*, 『성 어거스틴의 고백록』, 선한용 역 (서울: 대한기독교서회, 2014), XI, 29, 39.

[4] St. Augustinus, *De Trinitate*, 『삼위일체론』, 김종흡 역 (서울: 크리스챤다이제스트, 2014), XV, 21, 41.

[5] St. Augustinus, *De Trinitate*, XI, 6, 10.

[6] St. Augustinus, *De Trinitate*, IX, 7, 18; St. Augustinus, *Confessions*, XIII, 9, 10.

사랑의 대상이 하나님이 되었을 때, 결핍과 소외에서 벗어나, 자발적으로 이웃과 사랑으로 연합하고, 하나님의 사랑받은 자로서 사랑하는 자로 재탄생됨을 진술한다. 어거스틴은 하나님과의 교제의 사랑을 통하여, 생명의 재창조, 존재의 연합, 지혜의 거룩성[7]을 회복하게 되었다. 그가 찾던 행복도 하나님과의 교제의 사랑을 통하여 소유(획득)할 수 있었다.

실제적 경험을 바탕으로 정립된 그의 사랑 개념은 소외와 결핍으로 사랑을 갈망하는 교회 안과 밖에 있는 모두에게 사랑의 행복감을 가질 수 있다는 희망을 준다.

따라서, 이 책은 어거스틴의 사랑을 분석하여, 어거스틴의 사랑 개념(*caritas*)의 본질 속에 내포된 하나님과 인간의 '교제의 사랑'으로서 방향성, 관계성, 그리고 거룩성을 탐구하는 것을 목적으로 한다.

연구를 위해서 어거스틴의 중요한 저서들은 다음과 같다. 『고백록』(*Confessions*),[8] 『하나님의 도성』(*De civitate Dei*),[9] 『자유의지론』(*De iberao arbitrio*),[10] 『삼위일체론』(*De Trinitate*),[11] 『기독교 교양』(*De doctrina christiana*),[12] 그리고 『참된 종교』(*De vera religione*)[13] 등이다.

---

[7] Gilson. Etienne, 『아우구스티누스 사상의 이해』, 김태규 역 (서울: 성균관대학교출판부, 2010), 171.

[8] St. Augustinus, *Confessions*, 『성 어거스틴의 고백록』, 선한용 역 (서울: 대한기독교서회, 2014). 이후로는 *Conf.* 로 표기함.

[9] St. Augustinus, *De civitate Dei*, 『하나님의 도성』, 김종흡 외 역 (서울: CH북스, 2017). 이후로는 *De civ. dei.* 로 표기함.

[10] St. Augustinus, *De liberao arbitrio*, 『자유의지론』, 성염 역 (서울: 분도출판사, 2012). 이후로는 *De lib. arb.* 로 표기함.

[11] St. Augustinus, *De Trinitate*, 『삼위일체론』, 김종흡 역 (서울: 크리스천다이제스트, 2014). 이후로는 *De trin.* 로 표기함.

[12] St. Augustinus, *De doctrina christiana*, 『기독교 교양』, 김종흡 역 (서울: 크리스천다이제스트, 2017). 이후로는 *De doct. chr.* 로 표기함.

[13] St. Augustinus, *De vera religione*, 『참된 종교』, 성염 역 (서울: 분도출판사, 2017). 이후로는 *De ver. rel.* 로 표기함.

제1장

사랑에 대한 고찰

1. 사랑의 정의

1) 일반적인 사랑의 정의

사랑이란 무엇인가?
예를 들어, 사랑이란, 호감이되 단지 강렬한 호감에 지나지 않는가?
아니면, 호감과는 아주 다른 그 무엇인가?
사랑에도 여러 형(形)의 사랑이 있는 것인가?
아니면, 모든 형의 사랑이 기본적으로 같은 것인가?
비록, 보다 최근에 들어서는 사회심리학자들도 그러한데, 시인들과 철학자들이 수 세대에 걸쳐오면서 사랑에 관해 이와 유사한 질문들을 제기해 왔지만, 이러한 질문들에 대해서는 아직까지도 동감할만한 답이 나오지 못한 실정이다. 사랑이 정의하기가 어려운 까닭은, 적어도 부분적으로는, 사랑이 단일 차원의 심리 상태가 아니라 광범위하고 다양한 관계 속에서 체험

되는 복합적이고 다면적인 현상이라는 사실에 있는 것 같아 보인다.[1]

사랑의 정의를 경험적, 이론적으로 정확하게 잡아내려는 심리학자들은 적어도 한 가지에서는 의견일치를 보았다. 즉, 사랑은 한 가지 이상이라는 것이다.[2] 사랑을 연구하는 학자들이 공통적으로 사용하고 있는 사랑에 대한 정의도 없으며 사랑의 본질에 접근하려는 시도도 각인각색이다.

프로이드(Freud)는 사랑을 좌절된 욕구로 보았고, 존 왓슨(John Watson)은 성적 자극에 민감한 부분을 피부로 자극할 때 생겨나는 본유적인 정서라고 정의하였다. 센터스(Centers)는 사랑이란 보상을 주는 상호 작용이라 하였고 루빈(Rubin)은 한 사람이 다른 사람에 대해 가지고 있는 생각, 느낌, 행동하는 태도라고 정의하였다.

또한, 철학자 플라톤(Platon)은 "누구를 사랑한다 함은 그 사람 속에 있는 미(美)와 선(善)의 진수를 알아보는 것"이라 했으며, 20세기에 들어와서 사랑의 규율을 작성한 바 있는 카펠라누스(Capellanus)는 "사랑이란 이성의 미를 보거나 너무 생각한 나머지 생겨나는 일종의 타고 난 고통"이라고 정의하였다.[3]

문호 톨스토이(Tolstoy)는 인생에 있어 중요한 일이 사랑임을 깨닫는다면, 타인과 교제할 때에 그 사람이 어떤 점에서 나에게 이익을 가져다줄 것인가가 아니라, 어떤 점에서 내가 저 사람에게 이익을 줄 수 있을까를 생각하게 되는 것이고, 오로지 자신에 대하여 바라던 때보다도 훨씬 많은 성공을 이루게 할 것이라고 하였다.[4]

---

1 Aronson W. Elliot,『사회심리학』, 구자숙 외 역 (서울: 탐구당, 2002), 409.
2 R. J. Sternberg,『심리학, 사랑을 말하다』, 김소희 역 (서울: 21세기북스, 2010), 27.
3 김중술,『신 사랑의 의미』(서울: 서울대학교 출판부, 1995)를 참조하라.
4 L. Tolstoi,『인생이란 무엇인가』, 김근식 외 역 (서울: 동서문화사, 2005), 141.

에릭 프롬(Erich Fromm)은 "인간이란 근본적으로 고독한 존재이며 그같은 고독감 및 공허감을 극복하기 위하여 사람들은 사랑을 하는 것"이라고 주장하였다.[5] 그러나 그는 고독이 인간의 기본적 조건인가 아닌가 하는 문제보다도 사랑하는 사람은 어떻게 하는가 하는 현대 심리학적 접근방법으로 사랑을 다음과 같이 정의하였다.

첫째, 사랑이란 상대의 생활과 성장에 대한 적극적인 관심이다.
둘째, 사랑은 상대에게 표현되거나 표현되지 않는 욕구에 대한 자발적 반응이다.
셋째, 사랑은 상대를 있는 그대로 보아 주며 그의 개성을 존중하는 태도이다.

그리고 사랑은 이심전심으로 상대방이 무엇을 느끼며 무엇을 원하는지를 아는 상태 또는 행동이다. 그래서 그는 사랑에 대한 충분한 지식을 얻는 유일한 길은 사랑의 행위에 있다고 하였다.[6]

또한, 버셔드(Bersheid)와 월스터(Walster)도 사랑은 단순히 인간의 본능이나 감정만을 의미하지 않고 문화나 학습에 의해 영향을 받는다고 했다.[7] 그들은 사랑을 심리적 정서의 차이에 따라 열정애(passionate love)와 동료애(companionate love)로 구분하였다.

열정애는 격렬한 정서 상태 즉, 감정들의 어떤 혼합 속에서 공존하고 있는 부드럽고 성적인 느낌들, 의기양양과 고통, 불안과 안심, 이타심과 질투심 등이라고 정의하였다. 동료애는 우리가 자신의 생활과 깊은 연관이 있

---

5 E. Fromm, *The Art of Loving* (New York: Harper & Row, 1956)을 참조하라.
6 E. Fromm, *The Art of Loving*을 참조하라.
7 E. Berscheid, & E. H. *Walster, Interpersonal Attraction* (Addison-Wesley, 1974).

는 사람에 대해 느끼는 애정이라고 정의하였다.

일부 학자들은 사랑을 상호 거래, 즉 행동을 매개로 진행된다고 정의했다. 티바울트(Thibault)와 켈리(Kelley)는 시장 거래를 근거한 사회교환론을 적용하여 행동으로서의 사랑을 설명하고 있는데, 사람들 간의 상호 거래는 보상과 비용이 균형을 이룰 때 교환이 공정하며 서로 만족스러운 것으로 여겨진다.[8]

즉, 사랑은 사적인 인간의 감정에 기반을 두고 있지만 사랑을 행동으로 표현할 때는 시장이나 거래의 관계처럼 교환의 관점에서 정의하였다.[9]

이상의 정의들은 사랑을 감정 또는 인지적 행동으로 따로 분리하여 정의하였으나 하트필드(Hatfield) 등은 사랑을 인지적, 정서적, 행동적인 요소를 모두 갖추고 있는 입장으로 보았다. 사랑의 개념을 인지, 정서, 행동 등의 하위 차원으로 구성된 복합체로 정의하였다.[10]

인지적 요소는 사람들이 자신의 감정을 어떻게 지각하고, 해석하고, 수용하는가를 결정하며, 생리적인 요소는 자신이 어떤 감정을 느끼고, 그러한 감정을 어느 정도로 느끼는지를 결정하게 된다. 이러한 맥락에서 사랑을 인지적, 정서적, 행동적 요소로 보는 입장이 일반화되고 있다.[11]

2) 기독교인의 사랑의 정의

사랑은 하나님 나라의 원칙이다. 이 사랑은 그 어떤 것과도 비교가 될 수 없으며 홀로 지존하며, 숭고하기에 어떤 세상의 법률과 규범보다도 우위

---

[8] J. W. Thibault, & H. H. Kelley, *The Social Psychology of Group* (Wiley, 1959) 참조.
[9] 최혜경 외, 『사랑학』 (서울: 교문사, 2004), 25.
[10] E. Hatfield, & S. Sprecher, "Measuring Passionate Love in Intimate Relations," *Journal of Adolescence, 9* (1986), 383-410.
[11] 최혜경 외, 『사랑학』 (서울: 교문사, 2004), 28.

에 있음을 말한다. 이는 모든 선과 도덕의 극치라는 것이다. 그러나 하나님의 사랑은 한마디로 정의하기가 어렵다.

에밀 브루너(Emil Brunner)에 따르면, 하나님의 사랑은 사랑하는 것을 본분으로 삼고 태어난 사랑이며, 자유로운 은사로서 주어지는 설명할 수 없는 사랑이다. 그 사랑은 내 것과 네 것의 구별이 없다. 또한, 사랑이 타자에게 주는 것은 타자에게 속한 것이 아니다. 즉, 자기의 것을 타자가 받을 만한 권리가 있어서가 아니라, 그러한 권리가 없음에도 불구하고 거저 주는 것이다.

다시 말해, 하나님의 사랑은 사랑을 받을 만한 가치가 있는 자만이 아니라 가치를 못 가진 자까지 사랑한다. 이 사랑은 가치를 판단하는 사랑이 아니고 가치를 주는 사랑인 것이다.[12]

그는 이 아가페 사랑의 원천은 자연적이 아니고 초자연적이며, 인격과 관계하고 있으나 객체적이지 않다. 또한, 사랑이 인격의 영역에서 사람과 사람 사이의 상호 관계에서 최고의 선이며, 모든 선과 도덕의 극치라고 본다.[13] 즉, 사람들이 살아가는 세상 속에서 어떠한 행동들의 규범보다도 이 아가페 사랑이 우위에 있다고 본다.

브루너는 신약성경에서 이러한 사랑의 근거를 찾는다.

"예수 그리스도의 메시지는 역사적 사실의 메시지이다."

"말씀이 육신이 되다"라는 말씀은 하나님이 우리들을 전혀 어떠한 조건이 없이 사랑한다는 것을 의미한다는 것이며, 또한 이 '사랑'이라는 단어는 예수 안에서 "고통 받는 주의 종으로" 하나님이 우리에게 오신 사실을 통하여 새로운 사랑의 의미를 필요로 하는데, 그것은 사랑이신 하나님이 우

---

[12] Emil Brunner, 『정의와 사회질서』, 전택부 역 (서울: 대한기독교서회, 2003), 169.
[13] Emil Brunner, 『정의와 사회질서』, 40.

리에게 그의 본성과 그의 의지를 계시하신다는 것이다.[14]

그리스도로 계시된 하나님께서 우리를 죽기까지 사랑한 그 사랑은 친구의 가치를 보고 사랑하는 우애도 아니며, 자식을 사랑하는 어머니의 자애도 아니다.[15]

신약성경 속의 하나님의 사랑은 브루너의 말처럼 하나님 나라의 원칙이며, 이 "사랑은 모든 법률, 신앙과 희망까지도, 인간의 모든 언어 생활이 결부되어 있는 지식이 다 사라져 없어지더라도 홀로 남아 있는 사물이다."[16]

> 사랑은 언제까지나 떨어지지 아니하되 예언도 폐하고 방언도 그치고 지식도 폐하리라(고전 13:8).

아가페의 사랑은 단지 개념적인 정의에 그치는 것은 아니다. 이것은 곧 인격적인 주체인 사람과의 관계에서 나타나야 하는 것이다. 그래서 브루너는 신자의 생활에 있어서 가장 근본적인 요소는 인격적인 관계라고 말한다. 즉, 서로 상호 간에 인격적인 만남을 가져야 한다는 것이다. 그런데 이 관계에 있어서 사랑은 법으로 나타난다고 한다. 이것이 곧 산상수훈의 정신이다. 그러므로 한 개인에게 있어서 가장 중요한 것은 사랑을 위해서 무엇을 한다는 것이 아니라 사랑을 실제로 보여 주는 것이라고 말한다.[17]

다시 말해, 이 아가페의 사랑은 상징 안에서만 추상적으로 나타나고, 말해지는 것이 아니라 인격적인 관계에서 실천적으로 나타나는 것이 더 중요하다는 것이다. 그런데 이러한 하나님의 사랑이, 다시 말해 예수 그리스

---

[14] Emil Brunner, *The Divine Imperative* (Philadelphia: The Westminster Press, 1947), 115.
[15] Emil Brunner, 『정의와 사회질서』, 154.
[16] Emil Brunner, 『정의와 사회질서』, 155.
[17] 이종성, "브루너의 기독교윤리원론," 「현대와 신학」, 제2호 (1966), 161.

도의 사랑이 사람들의 현실에서 가능하게 되려면 다른 방법이 필요하다.

즉, 하나님의 사랑이 사람들의 사랑으로 나타나는 것은 사람들이 하나님에 의하여 사랑을 받고 있다는 사실에서 시작이 된다는 것이다. 그것은 이 하나님의 사랑은 유일성에 있어서 구체적인 사람을 사랑하시는 것인데 그 이유는 "현재 그가 거기 있기 때문에" 사랑한다는 것이다.[18]

즉, 아가페의 사랑은 가치를 창조하면서 "그리고, 그럼에도 불구하고"의 사랑인데, 이것은 모든 사람이 하나님에 의해 사랑을 받고 있기 때문에 인격적인 사랑의 관계 안에서 표현 되어야 하고, 그 사랑이 나타나야 한다는 것이다. 하나의 인격이 단지 거기 있다는 이유만으로 사랑해야 하는 것이다. 하나님의 사랑은 신적인 법으로 인간에게 나타날 때에는 이렇게 사랑이 인격적인 주체와 관계하여 나타나야 한다. 사랑이 인격적인 주체와 관계하지 않는다면 그것은 무의미한 사상으로만 남게 될 것이다.

따라서, 제도 속에서도 하나의 인격적인 주체인 인간은 비인격적인 제도 안에서도 사랑을 할 수 있는 사랑의 여지가 남아 있다. 브루너는 이러한 사랑은 개인의 윤리로 남아 있어서는 안 된다고 한다.

왜냐하면, 믿음의 삶을 산다는 것은 공동체 속에 존재하는 것을 의미하기 때문이다. 공동체 속에 존재한다는 것은 타자와 함께 하는 삶을 의미한다. 즉, 믿음의 신적 동료 의식은 사랑의 인류 동료 의식 안에서 진실과 현실성을 증명하여야 한다. 사랑 속에서 타자는 언제나 나에게 전제로서 주어지는 것이다. 그것이 사랑의 본질이다.[19]

라인홀드 니이버(Reinhold Niebuhr)는 십자가의 사랑을 말한다. 그는 예수 그리스도의 십자가에 나타난 완전한 사랑인 아가페가 인간성의 궁극적

---

[18] Emil Brunner, 『정의와 사회질서』, 171.
[19] Emil Brunner, The Divine Imperative, 320.

인 규범인 것이라고 말한다. 그러한 사랑은 자신을 추구하는 것이 아니라, 희생적이고 자발적으로 이웃의 이익을 추구한다는 것이다.[20] 그래서 신약성경의 예수 그리스도의 십자가 사건에게 나타난 모든 이웃을 위하여 자신을 희생한 고통 받는 사랑이 바로 윤리의 절정이요, 신적인 완전함의 본질인 것이다.

따라서, 신앙 없이는 인간의 역사는 활력적인 상호 관계를 가질 수 없으며 인간은 오로지 진실된 의미로서 계시와 자기 인식을 통해서 회복될 수 있기에, 아가페 사랑만이 기독교 윤리의 규범이 된다는 것이다. 희생적인 사랑인 아가페가 인간 행동의 규범과 동기로 나타날 때에 그것은 모든 욕망을 정화시키고 회심과 변혁의 가능성이 된다.

이것은 구체적으로 예수 그리스도의 십자가 사건에 잘 나타나 있다. 십자가의 사건에서 그리스도는 완전한 형태를 가진 사랑으로 나타났으며, 동시에 하나님의 사랑과 역사의 의미, 그리고 인간의 파괴성, 사랑이 없는 인간의 모습이 나타났다.[21]

그에게 나타난 십자가 사건은 그 사랑에 대하여 역사 속에서 수직적인 관계로서 관련된다. 수직적인 관계의 핵심은 인격과 인격의 만남에서 창조주의 사랑으로 불러주는 '너'라는 부름 앞에서만, '나'라는 존재를 이해할 수 있으며 그 사랑 안에서만 나의 인격이 그 소재를 확실히 인식하게 된다는 것이다.

다시 말해, 그리스도의 삶과 죽음을 통하여 인간은 자기 본질을 발견하게 되므로 나와 너의 관계는 신앙의 전제 없이는 불가능하게 된다. 따라서, 너와 나의 관계는 하나님에 대한 사랑이 기본 전제 조건이 된다. 즉, 인

---

[20] Reinhold Niebuhr, *Moral Man and Immoral Society* (New York: Charles Scribner's Sons, 1965), 16.

[21] Reinhold Niebuhr, *Love and Justice* (Philadelphia: The Westminster Press, 1952), 12.

간의 본질적 본성과 죄의 상태 사이의 모순은 인간 자신의 힘으로는 해결할 수 없는 것이기에 하나님과의 완전한 교제와 하나님의 힘에 의해서 해결할 수, 지워질 수 있다는 것이 바로 십자가의 사건이다. 하나님과의 완전한 교제 및 하나님을 향한 완전한 사랑으로부터 영혼과 그 자신의 완전한 조화가 나온다. 하나님의 사랑이 복종을 초월하는 데에서 영혼은 주저함 없이 그 참된 원칙 및 목적 속에 자신의 중심을 가지게 된다는 것이다.[22]

폴 틸리히(Paul Tillich)는 사랑은 존재론적인 개념이며 사랑의 정서적인 요소는, 그 존재론적 본성의 결과라고 하면서 또한, 존재 자체의 본성이 사랑임을 말하고 또한, 존재 자체가 참여하고 있는 개별적 존재의 본성도 사랑이라고 함으로써 인간의 본질적 본성도 사랑임을 지적하고 있다.[23]

그는 사랑을 인간의 본질적 본성이라고 주장한다. 그러므로 틸리히에 의하면 사랑은 자율적인 것만도 아니고, 타율적인 것만도 아니며, 신율적인 것이라고 볼 수 있다.

한편, 사랑은 인간성에서부터 나왔기 때문에 현실적 적응성을 지니게 되며, 또 다른 한편으로 인간에게 주어진 것이기 때문에 보편 타당성을 지니게 된다. 즉, 사랑은 존재론적 개념으로서 신은 사랑이라고 할 때 존재 자체가 사랑이라는 것을 의미한다. 하나님은 사랑이다. 그리고 하나님이 존재 자체인 이상, 존재 자체가 사랑이라고 해야 한다.

하나님의 생명의 과정은 사랑의 성격을 가지고 있다. 그는 개별화와 참여의 존재론적인 양극성에 따라서, 모든 생명 과정은 분리에 대한 경향과 재결합에 대한 경향을 하나로 보았다. 이 두 경향의 깰 수 없는 경향은 사랑의 존재론적 본성이라고 하였다.[24]

---

[22] Reinhold Niebuhr, *Moral Man and Immoral Society*, 311.
[23] Paul Tillich, 『조직신학 I하』, 김경수 역 (서울: 성광문화사, 1992), 221.
[24] Paul Tillich, 『조직신학 I하』, 221.

또한, 이러한 사랑은 두 가지의 기능을 한다고 보았다. 이 분리된 것의 재결합의 작용을 하는 사랑이다.

첫째, 본래적 작용으로서 사랑을 거역한 것을 용서를 통하여 구원시키는 일을 하는 것이다.
둘째, 비본질적인 작용으로서 사랑을 거역한 것을 파괴시키는 일을 하는 것이다.[25]

만일, 우리가 하나님은 사랑이라고 말한다면 분리와 재결합의 경험을 하나님의 생명에 대하여 적응하는 것이 된다.[26] 이러한 결함으로서 새로운 창조는 예수 안에서 구체화되었다. 그리스도 안에서는 분열의 힘이 그와 하나님과의 사이에 그와 인류와의 사이에 그리고 그와 그 자신과의 사이에 이루어진 결합을 정복해낸 적이 없다. 틸리히는 그리스도 사건에서 나타난 이와 같은 재결합은 사람의 본질적인 모습이며 사랑의 완전한 의미가 된다고 하였다.[27]

브루너에게 있어서 그 사랑은 신적 사랑으로 '하나님의 핵심'이며, 틸리히에게 있어서는 사랑의 존재이신 하나님, 그 '하나님의 존재 자체'이며, 그 하나님은 사랑이시다. 니이버에게 있어서는 십자가에서 고통 받은 예수의 희생적인 사랑으로 '불가능의 가능성'이라고 하였다.

세 학자의 표현은 다르지만, 의미론적으로 동일하게 말한 것처럼 존재론적으로 하나님의 형상으로 지음 받은 그 존재 자체로서 우리는 하나님의 사랑을 받을 권리를 가지며, 그 사랑을 나눌 의무를 가진다. 이것이 하나님

---

[25] Paul Tillich, 『사랑, 힘, 정의』, 남정길 역 (서울: 전망사, 1986), 113.
[26] Paul Tillich, 『조직신학 I하』, 221.
[27] 남재현, "폴틸리히의 윤리학," 「신학논단」, 9권 10호 (1968), 103.

의 사랑이다. 하나님의 의는 사랑받은 자의 본질 여하에 있지 않고 하나님의 뜻에 있기 때문이라고 브루너는 말한다.

그러므로 예수가 말한 하나님의 나라와 그 의를 구하는 기독교인의 삶은 하나님으로부터 주어지는 사랑을 그대로 수용하는 것이며, 이것이 하나님을 사랑하라는 첫 번째 율법의 성취이고, 그 사랑으로 이웃과 함께 하는 삶이라고 할 수 있으며, 이것이 율법의 두 번째 성취라고 브루너는 말한다.[28]

그렇다면 탕자에서 성도로 전환한 어거스틴의 사랑의 개념은 어떻게 설명할 수 있는가?

2. 어거스틴과 사랑의 실재

어거스틴의 사랑 개념에 대한 연구는 A. 니그렌(A. Nygren) 이후로 다양한 관점에서 연구 되었다. 니그렌은 자신의 책 『아가페와 에로스』(*Agape and Eros*)[29]에서 이렇게 비판한다.

> 어거스틴은 플라톤적 개념을 신학에 끌고 들어와 신약성경에서 계시 된 독특한 아가페(*agape*)의 성격을 변질시켰다.

니그렌은 아가페(*agape*)와 에로스(*eros*)는 서로 배타적인 성격을 가지고 있다고 주장하면서, 그리스도교적인 사고와 생활에서 에로스적인 요소를 낱낱이 추적하여 제거하는 시도를 하고 있다.

---

[28] Emil Brunner, *The Divine Imperative*, 320.
[29] A. Nygren, *Agape and Eros: the Christian Idea of Love*, 『아가페와 에로스』, 고구경 역 (서울: 크리스천다이제스트, 1998)를 참조하라.

그에 의하면 아가페는 인간을 위한(향한) 하나님의 사랑이요, 에로스는 하나님을 향한 인간의 사랑이라고 한다. 아가페는 비이기적인 사랑이요, 에로스는 자아 중심적인 자기 주장이라는 것이다. 그런데 어거스틴은 이렇게 서로 다른 아가페의 사랑과 에로스의 사랑을 종합하여 카리타스(caritas) 사랑의 개념을 창출했다는 것이다. 따라서, 니그렌은 그의 카리타스 개념은 그리스도교 아가페 사랑이 변질된 것이라고 주장한다.[30]

니그렌이 어거스틴의 카리타스 사랑 개념을 새로운 관점으로 본 것은 공헌이 있지만, 어거스틴의 사상을 헬라적 관점으로만 강조하였기에 어거스틴의 사랑을 총체적로 평가하지 못했다고 본다. 어거스틴은 이미 헬라적인 사상을 벗고 성경적으로 카리타스를 말하고 있기 때문이다.

니그렌에 반대하는 가장 강력한 견해는 디르키에서 볼 수 있다. 디르키는 어거스틴의 카리타스(사랑)의 개념을 헬라적 답습이 아니라 은총이라는 요소에 의해 정화된 요소라고 이해되어야 한다고 주장한다.

마틴 다시(Martin D'Arcy)는 어거스틴의 카리타스 개념이 결코 어설픈 종합으로서 이해되는 것이 아니라, 그의 도덕적 문제의식과 연관되어 있다고 이해되어야 한다고 하였다.[31]

그러나 다시의 연구는 다소 영적인 관점이 약화 되는 경향이 있다. 어거스틴은 사랑을 단지 덕의 요소로만 보지 않았다. 어거스틴은 카리타스의 개념 안에서 생명, 존재, 지혜의 요소를 매우 중요하게 여기고 있으며, 은혜와 지혜를 통한 향유를 말하고 있기 때문이다.

어거스틴은 플라톤의 철학적 사상을 영향을 받는 시대에 살았다. 그의 사상에서 헬라적인 요소를 완전히 배제할 수는 없는 것이 사실이다. 그러나

---

[30] 선한용, 『시간과 영원』(서울: 대한기독교서회, 1998), 198.
[31] M. C. D'Arcy, *Thee Mind and Heart of Love: Lion and Unicon: A Study in Eros and Agape* (New York: H. Holt and Co., 1947), 323.

영향이 곧 어거스틴의 사상적 정체성의 전부라고 말하는 것은 한쪽으로 치우친 평가라고 본다. 본 저자는 헬라적 사상은 어거스틴에게 참사랑을 만나게 하는 몽학 선생의 역할을 한 것뿐이라고 본다.

그의 내면의 움직임은 사랑(카리타스)에 의해서 움직였고, 어거스틴의 사랑 개념 카리타스는 헬라적인(철학적인) 요소를 배제한다. 어거스틴의 사랑의 대상은 살아계신 하나님이 되었다. 모든 흩어짐이 오직 하나님의 사랑에 집중됨을 따라 어거스틴은 변화된 사랑의 극치를 다음과 같이 고백한다.

> 나의 모든 희망은 오로지 당신의 크신 자비에만 있습니다. 당신이 명하시는 것을 (행할 수 있도록) 해 주시고 당신이 원하는 것을 명하소서!
> 당신은 우리에게 절제하라고 명하십니다.
> 어떤 기자가 말하기를 "하나님이 절제를 주시지 않으면, 아무도 절제할 수 없다는 것을 나는 알고 있습니다. 그러므로 그것이 누구로부터 온 선물인지 알게 된 자체도 하나의 지혜입니다"라고 했습니다(지혜서 8:21).
> 바로 이 절제로 인하여 잡다하게 분산된 우리 자신들은 거두어 모아져서 본대의 하나로 돌아오게 됩니다. 누가 세상의 것들을 사랑하되 당신을 위한 수단으로 사랑하지 않고 당신과 동등하게 사랑을 하면 그는 당신을 덜 사랑하는 자가 됩니다.
> 오 항상 타오르고 계시며 결코 꺼지지 않는 사랑이여!
> 나의 사랑, 나의 하나님이여, 간구하오니 나를 불태워 주소서. 당신은 나에게 절제하라 명하십니다. 당신이 명하시는 것을 (행할 수 있도록 해) 주시고 당신의 원하는 것을 명하소서.[32]

---

[32] Conf., X, 29, 40.

그의 사랑은 사랑의 대상과의 '교제의 사랑'에 중점을 둔다. 어거스틴은 인간에게 하나님의 흔적이 사랑으로 남겨져 있다고 보았다. 이 흔적이 하나님과 인간과의 사랑의 연결점이라고 하였다. 그의 사랑의 학설에 의하면, 인간 내면에는 하나님의 흔적이 남아 있어 하나님과의 실재적 사랑을 경험할 수 있고, 카리타스(사랑)의 교제를 할 수 있다고 주장한다.

이러한 어거스틴의 사랑의 관점을 가지고, 어거스틴의 사랑의 실재적 경험을 통해 그의 사랑의 개념을 연구하고자 한다. 어거스틴의 사랑은 회심 전과 회심 후의 사랑으로 나눌 수 있다.

먼저 회심 전의 사랑, 쿠피디타스(*cupiditas*)에 대해서 고찰할 것이다. 인간의 발달 과정상 청년기는 자기 발견과 동시에 자기 정의를 하고자 하는 시기이다. 청년기로 접어든 어거스틴은 자기 정체성을 외적인 것들(돈, 명예, 정욕)에서 찾고자 하였으나, 오히려 정체성 혼미에 빠지게 된다.

어거스틴의 섬세한 마음(사랑)의 움직임을 그의 자서전 고백록을 통해 소유적 사랑, 왜곡된 사랑, 노예 된 사랑을 나누어 살펴보려고 한다.

제2장

청년 어거스틴의 쿠피디타스

1. 소유적 사랑

어거스틴(Augustine)은 청년의 때를 반추하면서,『성 어거스틴의 고백록』 (*The Confessions*)(김광채 역, CLC 刊, 2004)에서 끝없는 욕망의 추구로 인하여 분열된 영혼이 다시 통합되는 과정을 보여 주고 있다. 그 절망스러운 자아와 욕망으로부터 어떻게 다시 소생할 수 있었는지를 말한다.[1] 어거스틴은 보이지 않는 마음과 영혼의 내적 움직임을 표현하기 위하여 인간의 육체에서 나타나는 행동의 변화와 움직임을『고백록』에서 세미하게 묘사하였다.[2]

세계 문학사 사상(史上) 최초의 자서전으로 평가받는 어거스틴의『고백록』에 나타난 사랑을 통해서 무질서의 사랑, 쿠피디타스(*cupiditas*)를 논하고자 한다.

인간의 발달적 측면을 고려할 때, 돌보는 사람(부모)과의 관계에서 자신이 누군가를 점차 알게 된다. 존재의 단독성과 작은 상태가 두렵기 때문

---

[1] Margaret R. Miles, *Desire and Delight: A New Reading of Augustine's Confessions* (New York : Crossroad, 1992), 19.

[2] Colin Starness, *Augustine' Conversion : A Guide to the Argument of Confessions I-IX* (Waterloo Ont : Wilfred Laurier University press, 1990)을 참조하라.

에 양육자에게서 사랑과 돌봄을 받음으로써 용기를 얻는 것이 필요하다. 점차 성장하면서 더 많은 사랑과 돌봄을 받기 위해 욕구의 충족 대상을 또래 집단에서 시작하여 친구, 주변의 영향력 있는 자에게로 돌리기 시작한다. 원하는 관심을 받은 후에야 자신의 약점과 갈망을 자신의 것으로 받아들이고 다른 사람을 배려할 수 있을 만큼 충분히 강하다고 느끼며 자신감을 가질 수 있다.[3]

이런 과정은 생애 초기에 시작하여 성인기까지 지속한다. 어거스틴도 『고백록』에서 유아기부터 회심 전까지의 그들과 나눈 사랑과 우정, 회심하게 되는 동기, 그리고 그들이 사랑 개념 형성에 끼친 영향을 세세하게 진술하고 하는 부분을 분석하였다. 중요한 타인과의 관계는 자기 발견의 중요한 과정이기 때문이다.[4]

어거스틴의 청년기의 사랑 개념을 알려면 성장 배경과 더불어, 그의 내면적(內面的) 변화를 살펴보아야 한다. 그는 소년 시절부터 참된 행복을 찾아서 불안하게 헤매었다. 33세에 저 유명한 오스티아의 신비 체험에 이르기까지 그의 청년기는 행복과 쉼(안식)을 찾아 헤매는 갈구의 시절이었다.

그는 육신의 정욕과 안목의 정욕, 또한 이생의 자랑을 찾아 방황하였다. 친구들과 함께 마니교에 들어가서 영혼의 안식을 찾으려 했고, 철학적인 탐구에서 찾으려 했으나 어떤 것(대상)에서도 기쁨을 가질 수 없었다.[5]

---

[3] N. Gregory Hamilton, *Self and Others : Object Relations Theory in Practice*, 『대상 관계 이론과 실제』, 김창대 외 역 (서울: 학지사, 2013), 22-3.

[4] Ruthellen Josselson, *Finding Herself: Pathway to Identity Development in Women*, (San Francisco: Jossey-Bass Publishers, 1989), 11.

[5] St. Augustinus, *Confessions*, 『성 어거스틴의 고백록』, 선한용 역 (서울: 대한기독교서회, 2014), V, 3, 3.

내적인 분열과 자아 정체감 혼미로 인해 절망의 심연 속으로 깊이 빠져들었다.[6] 세상에서 행복(충족감)을 찾는 데 실패한 그의 좌절은 고백록에 잘 나타나 있다.

"당신은 우리를 당신을 향해(*ad te*) 살도록 창조하셨으므로 우리 마음이 당신 안에서(*in te*) 쉴 때까지는 편안하지 않습니다."[7]

어거스틴은 참 행복은 하나님을 아는 지혜에 있음을 깨닫게 된다. 진리의 하나님을 알고 하나님께 영광과 감사를 돌릴 때 마음에 헛된 생각을 품지 않는다고 고백한다.[8]

어거스틴에 의하면 하나님은 곧 진리 자체요, 존재의 근원이요, 인간이 바라고 나아가는 최고선이시므로 이 최고선을 소유한다는 말은 곧 하나님을 누리고 소유한다는 뜻이다. 그런데 어거스틴은 하나님을 소유한다는 것은 곧 그를 사랑하는 것이라고 말한다.

이처럼 어거스틴의 청년기는 자기 발견에서 출발하여 그것을 성취시키는 하나님 사랑(*amor Dei*)으로 나아간다.[9]

> 주여! 내가 당신을 사랑함은 어떤 모호한 느낌에서가 아니고 확실한 의식을 가지고 하는 것입니다. 당신의 마음이 내 마음을 관통할 때부터 나는 당신을 사랑하게 되었습니다. 그뿐 아니라 하늘과 땅과 그 안에 있는 모든 것들이 사방에서 내가 당신을 사랑해야 한다고 나에게 소리를 질러 말합니다. 그들은 끊임없이 이것을 모든 사람에게 외쳐 사람들이 핑계치 못하게 할 것입니다(롬 9:15). 그러나 더 심오하게 말한다면 당신은 긍휼히 여길

---

6 *Conf.*, VIII, 11, 25.
7 *Conf.*, I, 1, 1.
8 *Conf.*, V, 4, 7.
9 *Conf.*, X, 6, 8.

자를 긍휼히 여기시고 불쌍히 여길 자를 불쌍히 여기십니다.[10]

어거스틴은 하나님의 사랑으로 나아갈 때까지, 하나님의 은혜로 하나님의 사랑을 알기까지 전인적인 분리와 결속을 경험한다. 청년기는 인간 누구에게나 분리와 결속의 시기이다. 분리와 결속의 특징은 다음과 같이 나타난다.

첫째, 둘러싼 기존의 사회문화적인 담론의 지배와 청년들이 기존의 이해하고 있는 방식에서 유래된 영향들을 과감하게 분리해버리고 새로운 도전을 감행해 나가는 것이다. 개인의 독특한 정체성을 발견하고 자아 개념의 재발견을 하는 것이다.
둘째, 특징은 통일되고 일관성 있는 자아 개념 및 정체성을 가지기 위해서는 개인이 자신이 경험하는 다양한 사회적 반응들을 종합하고 통합하는 것이다. 그 작업을 통해서 새로운 관계성을 통한 정체성의 회복을 추구하는 것이다.
셋째, 특징은 자신의 삶에 대한 일방적이고 전체적인 해석에 저항하면서 더욱 그들의 삶의 비전을 적절하게 담아낼 수 있는 긍정적인 가능성과 희망을 제공 받기를 원한다는 것이다.

어거스틴의 회심 전 청년기의 고백 속에는 삶의 회복과 치유를 위한 감정의 새로운 경험을 가능케 하는 엄청난 능력을 소유하고 있으며, 특히 기독교인으로서의 자아 정체성 확신과 능력의 가능성을 제공해준다[11]는 점

---

10 *Conf.*, X, 6, 8.
11 최민수, "목회상담에서의 이야기 치료를 통한 개인적 정체성의 이야기로부터 하나님과의 관계적 정체성의 이야기로의 전환,"「한국기독교상담학회지」, 2008, 260.

이 중요하다. 『고백록』에서 어거스틴의 청년기 자기애적 사랑이 하나님과의 관계적 사랑으로 확장해 나가는 재해석 과정을 볼 수 있다. 청년기는 신앙 안에서도 바른 기독교인의 자아 정체성을 확립하여야 할 때이다. 어거스틴의 고백록은 청년기의 욕정으로 인한 방황 절망 좌절에서 어떻게 한 인간으로 그리스도인 바른 정체성을 탐색하는지를 잘 안내하고 있다.

어거스틴은 청년기로 접어들면서 감각적인 쾌락으로 만족하려는 욕망으로 불타 있어 여러 가지 사랑을 추구하는 자가 되었다.[12] 인생 중에서 매우 큰 신체적 변화와 전반적인 성숙을 경험하는 청년기는 정서 면에서도 기복이 심한 시기이다. 지금까지 원가정이라는 울타리 속에서 무비판적으로 형성되어온 자아 개념이나 사회관 등이 청년기에 이르러 비판과 성찰의 대상으로 변하게 된다.

'자신이 누구인가?

어떻게 살아야 하는가?'

어거스틴은 자신에 대한 실존적 질문에 대한 답을 찾으려고 방황하는 청년기를 보낸다.

자기 정체성의 문제이며 자기 정체성은 관계에 의존한다. 삶에서 자신에게 영향을 끼친 사람들과 중요한 위치에 있는 사람들에 의해서 자아 정체성은 결정된다. 기존의 가치관과 부모에게서 분리되면서 새로운 대상과 세계관을 찾아 이에 자신을 결속시킴으로써 자아 정체감을 형성하려고 한다.[13]

스탠리 홀(G. Stanley Hall)에 의해 '질풍노도'(storm and stress)의 시기로 정의 내려진 청년기는 갈등과 정서의 혼란으로 가득 찬 격변기[14]이다. 이는

---

[12] *Conf.*, II, 1, 1.
[13] 박남숙, "대학생의 자아 정체성 수준이 이성 교제 만족도에 미치는 영향," 「한국심리학회지: 상담 및 심리치료」, 제17권 (2005), 197-215.
[14] 한국청소년개발원편, 『청소년심리학』 (서울: 교육과학사, 2004), 19.

청소년기에 겪게 되는 신체적, 사회적, 심리적인 혼돈으로 인한 영향력이 그들의 삶에 지대한 영향력을 끼치기 때문이다. 어거스틴도 신체적, 심리적, 인지적, 사회적으로 급격한 변화가 일어나는 청년기를 보낸다.

이 시기의 청소년들은 아동도 아니며 성인도 아닌 상태에서 급격한 양과 질의 성장과 발달을 경험하게 된다.[15] 조숙(early maturation)했던 어거스틴의 경우, 아버지의 좋은 신체적 조건을 물려받아[16] 또래 집단 사이에 지도자의 역할을 하게 되면서 여자들에게 많은 인기를 얻게 되어 자신감과 긍정적 자아 개념이 구축한 것 같다. 세상일에 대한 어거스틴의 집념과 무엇인가 열심히 하지 않고 못 배기는 열정 등은 아버지에게 받은 기질이다.

그러나 어거스틴은 어린 시절부터 아버지와의 관계에서 내면적 긴장감을 느끼고 있었으므로 아버지의 영향에서 벗어나려고 했다. 그 이유는 가정생활에 불성실한 아버지, 학교 공부로 인하여 매 맞은 기억, 목욕탕에서 자신의 육체를 보고 사춘기에 이르렀다고 말한 아버지에 대한 기억 때문이었다. 목욕탕 사건은 아버지의 탐욕적인 가치관에 동일시되는 계기가 된 듯하다.[17]

또한, 홀(Hall)이 청소년기를 '질풍노도'의 시기로 지칭하는데 여기서 질풍은 분노를 의미[18]하는 것으로 청소년기는 쉽게 격렬하고 요동하는 특징이 있다. 이와 같은 현상이 나타나는 이유는 급격한 성장발달로 인한 불안감과 긴장감이 정서적 불안정을 심화시키기 때문이다. 사회적 가치의 변화와 자아의식의 발달은 기성세대와 기존 사회에 대한 반발심과 욕구 불만을 증가시키는 등의 정서적 변화를 일으키게 된다.

---

[15] 허혜경, 김혜수, 『청년발달심리학』 (서울: 학지사, 2002), 18.
[16] P. Brown, *Augustine of Hippo* (London : Faber & Faber, 1968), 31. 어거스틴의 단단한 체격이나 한때 그가 몰입했던 세상사에 대한 명성과 지위에 대한 탐닉, 세상적인 쾌락과의 동행 등은 아버지로부터 받은 것이었다.
[17] *Conf.*, II, 3, 6.
[18] 김경희, 『발달 심리학』 (서울: 학문사, 2009), 252.

이와 같은 이유 등으로 인하여 불안과 근심을 휩싸이게 될 때 불안감을 잊기 위하여 다른 것에 몰두하거나 이를 대체하기 위한 행동을 하기도 한다. 이 시기의 청소년들은 매우 예민하여 감정의 기복이 커지면서 쉽게 화를 내고 불쾌해하기도 한다. 성인처럼 행동하다가도 돌변하여 아동과 같은 퇴행적인 행동의 경향을 띠는 등 비일관적인 형태를 띤다. 기본적으로는 부모를 비롯한 성인의 지원을 필요로 하지만 심리적으로는 독립과 자율을 강하게 원하고 있기 때문이다.

이러한 청소년기의 정서적인 불안은 행동과 밀접한 관련이 있어 불안한 정서로 인해 심리적 부적응과 사회적 부적응의 행동으로까지 이어지기도 한다. 어거스틴도 『고백록』에 심리적 불안과 불안에서 오는 강박감이 계속 고백한다.

에릭 에릭슨(Eric Erikson)은 인간 발달 과정에서 맺게 되는 사회적 관계와의 상호 작용은 발달에 결정적인 역할을 한다고 주장한다. "제2의 탄생" 또는 "심리적 이유기(離乳期)"라고 불리는 청년기는 부모, 형제, 가정으로부터의 보호에서 벗어나 독자적인 삶을 구축하는 시기이다. 친구, 동료들이 더 중요해지면서 친구들과 함께 자기의 고민을 나누었다.

'나는 누구인가?
우리가 누구인가?'

이에 대한 답을 얻고자 노력하게 된다. 그러면서 이 시기에는 지금껏 자아 발달의 과정에서 누적되었던 불신, 수치와 회의, 죄책감, 열등감 등의 부정적 요소들이 긍정적 요소들을 압도하면서 정체성 혼란을 경험하게 된다. 청년들은 자기를 억압한다고 느끼게 하는 부모 교사 규율 등의 모든 권위에 반항과 일탈이라는 왜곡된 행동에 빠져들게 되는 것이다.[19]

---

[19] 고원석, 김도일, 박상진, 양금희, 이규민, 장신근, 『기독교교육개론』 (서울: 장로회신학

이 시기의 청소년기들은 또래 집단의 우정 관계, 이성 친구와 관계, 부모 자녀와의 관계를 통해서 사회성을 발달시킨다. 또래 집단의 우정 관계는 청소년의 자아 개념, 자아 정체감, 사회적 성취 및 기술의 획득, 갈등 해결 능력, 장래 직업적 성취, 가족 생활, 성 역할 등에 영향을 끼친다.[20]

어거스틴의 생애에서 또래 집단과의 관계는 중요한 위치를 차지하고 있다. 어거스틴은 친구들만을 위하여 사랑하고 또한, 그들은 어거스틴만을 위하여 사랑해야 한다고 생각하였다. 쉽게 현실적인 쾌락에도 함께 해야 하고, 그들과 함께라면 의리 때문에 죄와 쉽게 타협하였다. 어거스틴은 항상 함께 이야기하고 있는 친구가 없으면 불행하다고 여겼다[21]

어거스틴은 또래 친구들과의 배 도둑질도 이때 이루어졌음을 고백한다. 도둑질을 함께 했던 친구들과 사귐을 좋아했기 때문이라고 한다. 어거스틴은 이 시기에 또래 친구의 영향을 받았음을 언급한다.

"나 혼자서는 그 도둑질을 하지 않았을 것입니다. 나를 기분 좋게 해준 것은 내가 훔치는 물건이 아니라 그 훔치는 행동 그 자체였습니다."[22]

특별히 이 시기는 호르몬 분비로 인한 2차 성징(性徵)이 나타나면서 성적 욕구가 급속히 증대된다. 이때 이성 간의 성적 체계 마련은 중요하다. 이성 간의 성적 체계가 완전하게 마련되지 않는 상태이므로 일탈 행동과 적지 않은 부작용이 생길 수 있다. 어거스틴은 결혼이 바로 이러한 성적 유혹으로부터 지켜주는 안전 장치이며, 사랑의 욕망을 가정의 담장 안으로 가두어 놓는 장치라고 보았다.[23]

대학교기독교교육연구원, 2013), 214-215.
[20] 한상철, 『청소년학』 (서울: 학지사, 2008), 188-90.
[21] *Conf.*, VI, 16, 26.
[22] *Conf.*, II, 9, 17.
[23] *Conf.*, II, 2, 3.

어거스틴은 욕정의 문제를 해결하기 위해서는 반드시 적절한 시기에 결혼 생활을 시작했어야 했었음에도 그의 부모가 자신을 방치했고 그 결과 자신이 더욱 나빠졌다고 고백한다. 그러나 불행하게도, 어거스틴의 욕망은 결혼에 의하여도 제어되지 않았다.[24]

부모와의 지속한 안정적인 애착은 청년들이 긍정적 정체성을 갖도록 하는 데 많은 도움이 된다. 또한, 자녀들은 동성(同性) 부모에게 성 역할을 배우게 된다. 특별히 자녀의 양육 문제에 대한 아버지의 관심과 긍정적인 사고로 자녀를 대하는 아버지의 노력과 태도는 자녀를 건강한 청년으로 자라나게 하는 중요한 요인으로 작용하고 있다.[25]

어거스틴의 어머니 모니카[26]는 신앙심 깊은 여인이었다. 어머니의 신앙심은 어거스틴의 그리스도 교인이 되는 것에 대한 결정적인 영향을 끼쳤다고 본다. 아버지의 성 역할도 어거스틴에게 큰 영향을 끼친 것 같다. 신앙심 깊은 어머니와 외적인 성공을 추구하는 아버지 사이에서 자신의 정체성에 대해 갈등하다가 결국은 사람을 적절히 사랑할 줄 모른 성 중독자가 되었음을 고백한다.[27]

---

[24] *Conf.*, VI, 15, 25.
[25] 한국청소년개발원,『청소년심리학』, 215.
[26] 어거스틴의 일생에 가장 결정적인 역할을 담당한 사람은 그의 어머니 모니카(Monica)였다. 유아는 기본적 신뢰의 능력이 기본적 불신에의 경향을 만회하도록 균형을 취하지 않으면 장래, 타인과의 지속적인 인간관계를 유지하지 못하게 된다. 어머니와 자식과의 관계는 어린이를 양육하는 어머니가 그 어린이의 정체성 감각(sense of identity)을 명확하게 만들어 간다.
어거스틴에게는 형과 동생, 어거스틴 그리고 누이 둘이 있었는데 이들 중 모니카가 기대를 걸고 애정을 가졌던 아이는 어거스틴인 것 같다. 그는 내면 세계를 성찰하고 자성하는 내향성의 아이였는데, 그 같은 그의 내면의 담은 소리, 겸허와 반성은 그의 어머니로부터 받은 무언의 교훈과 감명에 연유된 것 같다.
P. Brown,『어거스틴 생애와 사상』, 차종순 역 (서울: 한국장로교출판사, 1998), 34.
[27] *Conf.*, IV, 7, 12.

이런 면에서 사랑을 제대로 하려면 사랑은 배워야만 한다는 것이다.[28] 육체적으로 급격히 변화가 있는 청년기의 어거스틴은 아직 사랑하고 있지는 않았으나 사랑하기를 사랑하고 깊이 숨겨진 욕구 불만에서 자신이 그 욕구 불만을 더 강하게 느끼지 못함을 스스로 미워했다.

어거스틴은 사랑하기를 사랑하고 올가미 없는 평탄한 길과 안전한 길을 미워하면서 사랑의 대상을 찾아 헤맸다. 육체적인 급격한 변화는 어거스틴에게도 충격적인 사건이었다.[29]

청년기의 겪게 되는 갈등은 기존의 자신의 가치관을 거부하고 새로운 상대를 만나 관계성 속에서 자기를 발견하고 자기를 발전시켜 나간다. 이런 과정에서 대상과의 만족감이 자아 존중감이 될 수 있으나 '나는 누구인가?'라는 의문에 대한 답이 나를 보충할 수 있는 대상을 찾는 일에 앞서 나타나야 한다.

자기 정의를 내리지 못한 채로 있거나 계속해서 형성하고 있다면, 영원한 상대를 선택하고자 하는 것은 소용없는 일로 보인다. 이 단계의 긍정적인 결과는 성적 친밀감이나 진정한 우정, 안정된 사랑, 결혼의 지속을 포함하는 친밀감이다.

아직도 분명한 정체감을 형성하지 못한 청년들은 두려워서 대인관계를 기피 하거나, 상대를 가리지 않는 성행위나, 사랑 없는 성생활을 하거나, 정서적으로 안정되지 못한 관계를 추구할 수도 있다.[30]

결국, 어거스틴은 자기 정의를 내리기 전 육체의 탐욕에 빠져 성 중독자가 되었다. 어거스틴은 방황은 자아 정체성의 혼란으로 오는 것이라고 볼

---

[28] 이우금, "기독 청년과 비기독 청년의 사랑에 관한 내러티브 탐구," (평택대학교 박사학위 논문, 2011), 148.
[29] Conf., II, 3, 6.
[30] Rolf E. Muuss, 『청년발달의 이론』, 정옥분 외 역 (서울: 양서원, 2003), 99-100.

수 있다. 내적인 결핍을 외적인 것들에서 추구하던 어거스틴은 청년기를 접어들면서 감각적인 쾌락으로 만족하려는 욕망으로 불타 있어 여러 가지 허망한 사랑을 추구하는 자가 되었다.[31]

하나님! 나는 내 마음의 양식인 당신이 없어서 굶주리고 있었지만 배고픔을 느끼지 못했습니다. 그래서 나는 썩지 않는 음식을 갈망하면서 그대로 머물러 있었습니다. 그것은 내가 썩지 않는 음식으로 이미 배불러 있어서가 아니라 내 속이 비어 있으면 있을수록 구역질이 났기 때문입니다. 이러므로 내 영혼은 건전하지 못했으니 종기투성이가 되고 곪아 터져서 그 가려움을 없이 하려고 나는 감각적인 것으로 긁고 있었습니다.
그러나 감각적인 것은 영혼을 가지고 있지 않기 때문에 그것이 진정한 우리의 사랑이 될 수는 없었습니다. 사랑을 주고 사랑을 받은 것은 내게 달콤한 것이었습니다. 내가 사랑한 자의 육체를 즐길 때는 그 도수가 더 높았습니다. 이리하여 나는 우정의 맑은 샘을 불결한 정욕으로 더럽혔습니다. 나는 이렇게 추하고 부정직한 놈이었지만, 지나친 헛된 생각에 사로잡혀 고상하고 점잖게 보이기를 원했습니다.
자비로운 나의 하나님, 당신은 무한히 선하시어서 나를 위해 그 달콤한 쾌락에 얼마나 많은 쓸개를 섞어 주셨습니까?
나는 사랑을 받을 뿐 아니라 남몰래 나를 얽어매는 쾌락의 극치를 경험하기까지 했습니다. 그러나 그 쾌락의 경험은 괴로움과 얽히어 있었으니 사실 나는 질투, 의혹, 공포, 분노, 분쟁 등으로 빨갛게 달구어진 쇠붙이로 징계를 받는 것이었습니다.[32]

---

[31] *Conf.*, II, 1, 1.
[32] *Conf.*, III, 1, 1.

자기 존재에 대한 정의가 유예된 회심 전 청년 어거스틴의 사랑은 감각적인 쾌락만을 추구하는 것이었다.

"감각적인 것은 영혼을 가지고 있지 않기 때문에 그것이 진정한 우리의 사랑이 될 수는 없었습니다."[33]

이러한 어거스틴의 고백처럼 그의 사랑은 진정한 사랑이 아닌 쾌락을 추구하는 허망한 사랑, 곧 거짓 사랑이었다. 소유하기를 원하나 소유되지 않는 허망한 거짓 사랑이었다. 자기발견의 외적인 추구는 어거스틴에게 내적인 결핍감을 조장할 뿐이었다.

2. 왜곡된 사랑

어거스틴의 청년기의 거짓 사랑의 원인을 의지의 왜곡이라고 말한다. 어거스틴은 『자유의지론』에서 거짓 사랑의 상태를 다음과 같이 논한다.[34]

> 영혼이 욕정을 사로잡고 그 덕의 근원에 손상을 입고, 형편 없이 비참한 처지에서 이리저리 밀려다니고 하는 것은 그것 자체가 일종의 형벌이다. 그 결과 거짓말을 진실인 것처럼 인정하고 소극적으로 행동하는 데다 전에는 인정하던 것을 지금은 거부하고 더욱이 다른 거짓된 것들 속으로 점점 빠져들었다. 이성적으로 가장 명확한 것들을 곧장 두려워하며 진리를 찾는 용기를 잃어버리고, 어리석음의 구덩이 속에 빠져들었다.
> 또한, 지성의 빛에 이르기를 노력하나 또다시 심각한 나태로 떨어졌다.

---

[33] *Conf.*, II, 1, 1.
[34] St. Augustinus, 『어거스틴의 자유의지론』, 박일민 역 (서울: 풍만출판사, 1985), 45.

그뿐만 아니라 오로지 여러 가지 욕정들에 여지없이 지배를 받아 한편으로는 두려워하면서도 또 다른 한편으로는 고대하는 성향들로 인해 인간의 마음과 생활을 채는 것이다.

여기에는 고민이 있고 헛되고 거짓된 즐거움이 있다. 여기에 사랑하던 것을 잃으므로 말미암는 고통과 소유할 수 없는 것을 가지려는 고통이 있다. 여기에 고통을 당해야 하는 슬픔이 있고 앙갚음을 하고 싶은 자극이 있다.

어디를 가나 그 영혼은 탐욕에 사로잡히고 사치에 멍들고 야망에 부풀고, 교만에 사로잡히고, 질투심에 시달리며, 나태에 빠지고, 음란하게 되고, 이기주의에 빠지며, 기타의 욕정에 세계에 속하는 여러 가지 이루 헤아릴 수 없는 온갖 감정들에 시달리게 된다. 지혜를 추구하지 않는 모든 사람이 추구하고 있는 사랑은 형벌이다.[35]

그 형벌의 모습을 다음과 같이 피력한다. 거짓 사랑, 잘못된 사랑을 하는 것은 의지의 왜곡으로 인한 선택의 결과이다.

그러나 나는 그때 밝은 우정의 길, 즉 마음과 마음이 통하는 진정한 사랑의 질서를 지키지 못했습니다. 오히려 진흙투성이인 육체의 정욕과 사춘기의 열정적인 상상력이 안개같이 일어나 나의 마음을 흐리게 했고 어둡게 했기 때문에 나는 무엇이 순수한 사랑이고 무엇이 추잡한 정욕인지를 분간할 수 없었습니다.

이 두 가지는 나의 마음에서 복잡하게 얽혀 나를 안절부절못하지 못하게 하였고, 나의 젊음을 불결한 욕심의 낭떠러지로 이끌어가 치욕의 소용돌

---

[35] *Conf.*, II, 2, 2.

이로 던져버렸습니다.[36]

    육체의 질척이는 욕정과 사춘기의 후끈한 상상력에 어거스틴에게 순수한 사랑과 욕정의 사랑의 분별력을 흐리게 했다. 요동하는 어거스틴의 젊은 날을 이끌어 정욕의 절벽 아래로 떨어뜨리고 수치의 심연으로 깊이 빠지게 하였다.[37]

    결국, 성적 욕망으로 중독된 어거스틴은 뒤틀린 사랑의 병자(病者)가 되고 말았다.[38] 이런 어거스틴의 잘못된 사랑의 모습을 『고백록』에서는 자애(自愛, self-pleasing), 성적 우애(sexual friendship), 동거(concubinage), 불륜(adultery) 등의 형태로 표현한다.

    어거스틴은 그의 나이 16세부터 넘쳐흐르는 육욕의 맹렬함에 정복당하여 성적 욕망으로 불타오르게 되었으며 지옥과 같은 쾌락을 추구하게 된다. 그는 점차 성욕의 노예가 되어 갔고 그러한 성적 쾌락들에서 참된 행복을 누리지 못한다는 것을 알게 된다. 왜냐하면, 그가 누린 쾌락들은 자유로운 영혼이 누리는 행복감과는 거리가 먼 정욕의 노예가 되었기 때문이다.[39]

    그는 정욕에 노예가 됨으로써 정욕을 추구하는 습관이 형성되었다고 말한다. 그리고 습관에 저항하지 않으면 필연이 된다. 이러한 인과관계 속에서 그는 잔혹한 노예 상태의 손아귀에 결박되고 말았다. 어거스틴은 자신의 욕망이 마치 손톱으로 긁어서 난 상처, 부패, 그리고 피에 스며든 독물이 흘러내리는 것과 같다고 탄식한다.[40]

---

[36] *Conf.*, II, 2, 2.
[37] St Augustinus, *Confessions*, 『성 아구스티누스 고백록』, 김기찬 역 (서울: 크리스챤다이제스트, 2000), 55.
[38] St Augustinus, *Confessions*, 『성 아구스티누스 고백록』, 95.
[39] St Augustinus, *Confessions*, 『성 아구스티누스 고백록』, 204.
[40] St Augustinus, *Confessions*, 『성 아구스티누스 고백록』, 98.

어거스틴의 병든 사랑은 그의 청년기를 통하여 더욱 깊어져 갔다. 그는 이러한 육욕의 삶에서 육체만 아니라 정신적으로도 자아 붕괴를 경험한다. 어거스틴은 마침내 한 여인과 동거하게 되었고, 그 일이 평안함이 없고 신중하지 못한 정욕 때문이었음을 후회한다.[41]

그러나 가련한 나는 당신을 떠나 바다의 노도와 같이 거품을 내뿜고 내 정욕의 조류를 따라 당신이 정해 주신 법의 한계를 벗어났습니다.[42]

어거스틴은 하층의 질서에 속한 것들을 더 사랑하고 하나님의 진리와 법도를 덜 사랑하는 무분별한 사랑 때문에 죄를 짓게 되었음을 고백한다.[43] 그러나 성적 욕망 충족은 계속된 반복과 강화되는 작업을 통하여, 결국 욕정에의 충동과 그에 대한 습관적 반응의 제어 불가능 상태에 도달하게 만들어 버린다.[44]

당신의 신실한 자비는 멀리서 내 위를 배회하고 있습니다. 나는 큰 죄에 빠져 나를 탕진하고 있었고, 신성모독의 호기심을 쫓아가다가 당신을 떠나게 되었습니다. 그리하여 나는 부정한 행동의 맨 밑바닥, 즉 요사스러운 악마를 섬기는 데까지 전락하여 그에게 내 천한 행동을 제물로 바치기까지 했습니다. 나는 언젠가 의식이 거행되는 교회 건물 내에서 뻔뻔스럽게 욕정을 내어 죽음의 열매를 맺는 일을 꾸미기까지 했습니다.
그때 당신은 나를 대단히 가혹한 벌로 치셨으나 그 벌은 내 잘못에 비하면 아무것도 아니었습니다. 그때 나는 그 위험 속에서 길게 목을 빼며 당

---

[41] St Augustinus, *Confessions*, 『성 아구스티누스 고백록』, 203-204.
[42] *Conf.*, II, 2, 4.
[43] *Conf.*, II, 5, 10.
[44] St Augustinus, *Confessions*, 『성 아구스티누스 고백록』, 204.

신을 멀리 떠나 헤매었고 당신의 길이 아닌 나 자신의 길을 따라 도망자의 자유를 좋아했습니다.[45]

어거스틴은 두 힘 사이에서 씨름하면서, 인간의 영혼에서 가장 난해한 문제를 해결해야만 했다. 그것은 의지의 갈등에 관한 문제였다. 그러나 그는 지적으로 동의하는 자신과 욕망하는 자신 사이의 분열을 경험한다.[46] 어거스틴은 자아 정체성의 혼란을 경험한다. 좌절, 절망, 그리고 실망으로 인한 의지의 불능상태를 경험한다. 어거스틴은 두 가지의 의지를 하고 있다.

첫째, 하나님을 향한 의지이다.
둘째, 쾌락을 향한 의지이다.

어거스틴은 갈등한다.
'하나님께 속할 것인가?
아니면, 세상 속에 속할 것인가?'
결국, 정체감 혼미 때문에 많은 갈등을 겪고 있었다. 어거스틴은 이 갈등의 딜레마 속에서 고통을 겪는다. 어거스틴은 신약성경 로마서 7장 17절, "이제는 이것을 행하는 자가 내가 아니요. 내 속에 거하는 죄니라"를 인용하면서 쾌락을 추구하는 존재는 어거스틴 자신이 아니라 바로 자신 안에 있는 내적인 죄라고 말한다.[47]

하나님을 섬길 것인지 곰곰이 생각하고 있었을 때, 의혹했던 것도 나였

---

[45] *Conf.*, III, 3, 5.
[46] *Conf.*, VIII, 5, 10.
[47] St Augustinus, *Confessions*, 『성 아구스티누스 고백록』, 207.

으며 하지 않으려 했던 것도 나였나이다. 어쨌든 그것은 바로 나 자신이 었나이다. 나는 자신의 온 의지로 원하지 않았고 전혀 원치 않던 것도 아니었나이다. 그래서 나는 스스로와 전쟁을 치르고 있었으며 자신에 의해 찢겼나이다. 그리고 이 싸움은 나의 의지에 대한 것이었나이다.

하오나 그것은 다른 정신이 있음을 보여 주지 않고 내 정신의 형벌을 보여 주었나이다. 그래서 그렇게 한 것은 내가 아니라 내 속에 거하는 죄이었나이다. 이는 곧 아담이 자유롭게 저지른 죄의 형벌이었으며, 나는 아담의 자손이었나이다.[48]

이것이 인간의 교만(superbia), 즉 자기 자신을 지나치게 높이 올리는 것을 의미한다. 이렇듯 인간이 하나님을 사랑하는 것으로부터 "자기 사랑"(amor sui)으로 전향하는 곳에 모든 죄의 근원과 본성이 있게 된다.

어거스틴은 모든 죄는 (지나치게) 자기를 사랑하는 것에 그 근원을 두고 있다고 말한다. 왜곡된 사랑은 교만으로 사랑의 대상을 전향시키는 죄라고 말한다. 어거스틴은 죄의 상태를 다음과 같이 세 가지로 표현하고 있다.

첫째, '포제 논 페카레'(posse non peccare)로서, 죄를 지을 수도 있고 짓지 않을 수도 있는 선택의 자유가 있는 상태이다. 이것은 아담이 타락하기 전의 상태를 말한 것이다.

둘째, '노네 포세 논포카레'(none posse non peccare)로서, 죄를 짓지 않을 수 없는 상태이다. 이것은 아담의 타락 이후 온 인류가 빠져 있는 실존 상황이다. 이제 인간은 죄를 지을 수 있는 자유는 있으나 죄를 짓지 않을 수 있는 능력은 상실한 상태이다.

---

[48] St Augustinus, *Confessions*, 『성 아구스티누스 고백록』, 207.

셋째, '논 포세페카레'(*non posse peccary*)로서, 죄를 지을 수 없는 상태이다. 이것은 구원받은 후에 누릴 인간의 자유이다. 인간은 죄를 지을 수 있는 자유는 있으나 죄를 짓지 않을 수 있는 능력은 상실한 상태이다.[49]

결국, 어거스틴은 자기의 정체성을 외적인 평판과 지적 호기심에서 찾아 만족을 구하려고 했다. 수사학자로 유명해지려고 하였으나 스스로를 더 타락하고 교만으로 부풀어 외식적인 자신의 부패에 염증을 느낀다.[50]

> 그때 내가 고상하다고 생각하여 열심히 추구했던 학문은 결국 법정투쟁에서 두각을 나타내게 하는 것을 목적으로 하고 있었습니다. 그러므로 나는 두각을 나타내고자 원했는데 내가 교활하면 할수록 나는 더 유명하게 되는 것이었습니다. 그런 것을 하는 것이 인간의 맹점이었는데 사람들은 이 맹점을 자랑으로 삼은 것이었습니다.
>
> 그때쯤 되어서 나는 이미 수사학교에서 수석을 차지하여 아주 좋아 뽐내며 교만으로 잔뜩 부풀어 있었습니다. 그러나 주께서 잘 아시다시피 나는 좀 침침한 편이어서 '뒤집어엎는 자들'과는—이런 어리석고 악마적인 이름을 용맹의 표식으로 붙여주었는데—좀 거리를 두고 지냈습니다. 그런데도 나는 그들 사이에 들어가 지내면서 그들과 같지 않음을 오히려 부

---

[49] 이러한 사상은 당대 펠라기우스의 사상과 유를 달리할 뿐만 아니라, 인본주의의 근간이 되고 있던 헬레니즘과도 입장을 달리하고 있다. 펠라기우스에 의하면 어린이는 언제나 posse non peccare의 상태, 즉 타락하기 이전의 상태에서 태어난다는 것이다.
따라서, 인간에게는 근본적으로 선을 행할 수 있는 능력을 갖추고 있는 것이며, 그러므로 인간에게 율법이 주어졌고, 또한 율법을 지키라고 명령받은 것이다. 그러나 어거스틴은 그의 주장이나 헬레니즘적 인본주의적 해석을 부인한다. *De lib. arb.*, II, 19, 52-53.
[50] *Conf.*, II, 3, 5.

끄러워했습니다. 나는 이들과 같이 사귀고 지내는 가운데 때로는 어떤 재미를 느끼기도 했습니다.⁵¹

어거스틴은 하나님을 향해 위로 올라갈 수 있는 사랑(caritas)이란 인간 자신이 소유하고 있는 것이 아니라고 역설한다. 마치 알코올 중독자가 계속해서 술을 마실 수 있는 자유나 능력을 갖추고는 있으나, 술을 마시지 않을 수 있는 자유나 능력은 이미 상실해버린 것과 같다.⁵² 이 말은 인간이 타락할 수 있는 자유는 있으나, 그 타락을 중지하고 거기에서 반전해 하나님에게로 상승할 수 있는 자유는 없다는 것이다.

이것을 다른 말로 표현하면 죄를 지은 인간은 자기를 계속 손상(deform)할 수 있는 자유는 있으나, 자기를 개선(reform)할 수 있는 자유는 이미 상실했다는 것이다. 물론, 하나님에게로 오르고자 하는 의지는 인간에게 있을 수 있다. 그러나 그의 왜곡된 제2의 천성으로 인해 인간은 최고선을 향해 오를 수 있는 능력을 상실한 것이다.⁵³

어거스틴은 인간에게는 의지(무엇을 사랑할 수 있는)가 주어져 있는데, 그 의지의 본질은 자유라고 한다.⁵⁴ 그는 이 의지의 자유 때문에 존재의 근원과 최고선(summum bonum)이 되시는 하나님을 사랑함으로써 평화와 안정을 누릴 수도 있고, 혹은 세상의 낮은 층에 있는 존재들을 사랑함으로써 변하고 불안정한 피조물 세계로 전락해버릴 수도 있다.⁵⁵

---

51 *Conf.*, III, 3, 6.
52 *De lib. arb.*, III, 18, 52.
53 *De civ. Dei.*, XV, 21. 어거스틴은 사람의 의지는 선하신 하나님이 선하게 지으신 본성이지만, 무에서 창조되었으므로 변하시지 않는 분에 의해서 변하는 것으로 창조되었다고 말한다.
54 *De lib. arb.*, II, 1. 3.
55 *De lib. arb.*, III, 16, 45.

이 말은 인간이 피조물들을 사랑하면 안 된다는 뜻이 아니다. 세계에는 존재의 계층이 있으나 그 계층에 따라 우리의 사랑도 계층을 이루어 질서가 있어야 한다는 것이다. 여기에서 악이란 인간의 자유의지(사랑)가 의도적으로 최고선이신 하나님에게서 더욱 덜 선한 것들에게로, 영원한 것에서 시간적인 것들에게로 전향(떨어짐, 타락)된, 무분별한 사랑 때문에 생기게 된다.

즉, 인간의 의지가 자신의 위에 있는 것을 버리고 자신의 밑에 있는 것으로 전향할 때, 그 의지는 왜곡되어 악하게 되는 것이다. 그것은 그 의지가 향한 대상이 악해서가 아니라, 그 의지의 경향 자체가 사악하기 때문이다.[56] 방향이 잘못된 사랑은 의지가 변하지 않는 선을 버리고 변하는 선으로 타락하게 만든다. 본성들의 질서를 역행하면서 지고의 존재를 버리고, 더 낮은 존재로 타락하기 때문이다.

어거스틴은 자신의 방탕이 아름다운 신체의 결함이 아니라 영혼의 결함임을 다음과 같이 고백한다.[57]

> 시간은 쉬지 않고 하염없이 지나가지만 무심코 지나가는 것은 아니었습니다. 그것은 감각을 통해 우리 마음에 기묘한 일을 해놓습니다. 시간은 나날이 왔다 지나갑니다. 시간은 오고 감으로 새로운 희망과 새로운 기억을 심어주었으며 허전한 나를 지나간 날의 즐거움으로 조금씩 메워놓았으니 나의 서러움은 좀 가라앉게 되었습니다.

> 그러나 그 슬픔에 뒤따르는 것은 같은 슬픔은 아니었어도 다른 슬픔을

---

[56] *De civ. Dei.*, XII, 6 ; XVII, 15
[57] *De civ. Dei.*, XII, 8.

주는 원인이었습니다. 첫 번의 슬픔이 그렇게도 쉽게 그리고 깊숙이 내 마음에 침투한 것은 죽을 수밖에 없는 사람을 안 죽을 사람처럼 사랑함으로써 혼을 모래 위에 쏟아 놓아 버린 탓이었습니다.

그러나 무엇보다 슬픔을 딛고 힘을 내게 하는 것은 다른 친구들의 위안이었습니다. 그들과 함께 나는 당신 대신에 좋아한 것을 사랑했습니다. 그것은 엄청난 허황한 이야기와 장황한 거짓말과 음탕한 언어로 귀를 간지럽게 하여 내 영혼을 부패시키고 있었습니다. 이러한 허황한 이야기는 친구들이 죽어 기억에서 사라지듯이 나에게서 죽어 없어지지 않았습니다. 그들이 하던 것 중에서 내 마음을 아주 완벽히 사로잡은 몇 가지가 있습니다. 그것은 서로 말하고 웃는 것, 읽는 것, 서로 농담하거나 심각한 이야기를 하는 것, 때로는 의견을 달리하면서도 자기 자신을 대하듯 기분 나쁜 감정을 품지 않는 것, 가끔 있는 의견의 불일치를 통해 전체의 의견일치에 자주 이르도록 하는 것, 때로는 서로 가르치고 서로 배우는 것, 그리고 친구가 없으면 무척 보고 싶어라 하고 서로 만나면 즐거운 마음으로 반겨주는 것 등이었습니다.

이처럼 사랑을 주고받는 사람들의 마음에서 생기는 표현은, 얼굴의 표정, 혀, 눈 그리고 수천 가지의 애교 있는 동작으로 나타나 우리의 혼을 함께 불태워 여럿을 하나로 만들어 놓았습니다.[58]

영혼의 충동이 육신의 쾌락을 한없이 즐기려 할 때 추행을 낳게 되었다. 이러한 행동을 하게 하는 것이 영혼이 왜곡되었기 때문이다. 그 결과 오만해지고 거칠어 무절제하게 되어 범행하게 된다. 이처럼 이성적 정신이 혼탁해지면 온갖 오류와 거짓된 견해들이 우리의 사람을 혼미하게 한다. 그때

---

[58] *Conf.* IV, 8, 13.

의 삶이 바로 왜곡이었다고 고백한다.[59] 어거스틴은 의지의 왜곡은 최고의 실체이신 하나님으로부터 돌아서서 자신 안에 깊이 놓여 있는 보배를 버리고 낮은 부분으로 떨어져 밖으로 잔뜩 부풀게 하였음(교만)을 말한다.[60]

3. 노예 된 사랑

왜곡된 사랑에 빠진 어거스틴은 자신의 무능을 한탄한다. 시간이 지날수록 성적인 노예가 되는 자신에게 환멸을 느끼고 성의 중독에서 빠져나가려고 몸부림을 친다.

"그러면 무엇이 인간의 의지가 더욱더 높은 존재와 가치(선)에서 낮은 존재와 가치로 전향하게 하는가?

그 원인은 무엇일까?"

어거스틴에 의하면 인간의 의지를 전향하게 하는 것은 의지 그 자체에 원인이 있는 것이지, 그 외에 다른 어떤 원인이 있는 것이 아니라고 한다. 따라서, 악한 의지의 원인은 따로 없고 다만 본래의 선한 의지의 결핍이 그 원인이 된다는 것이다. 이것이 바로 "의지의 왜곡"인 것이다.[61] 왜곡된 의지가 의지를 지배하면 습관의 쇠사슬에 묶이게 된다.

어거스틴은 습관의 폭력을 다음과 같이 표현한다.

---

[59] *Conf.*, IV, 15, 25.
[60] *Conf.*, VII, 16, 22.
[61] *Conf.*, XII, 11, 11. 하나님이 창조하시지 않은 것이 둘이 있다. 하나는 절대 무이며, 다른 하나는 인간의 왜곡된 의지이다. 절대 무는 무엇이 그것으로부터 창조될 수 있는 어떤 존재가 아니고 글자 그대로 '무'인 것이다. 왜곡된 의지는 하나님에게로 등을 돌리는 죄이다. 그러나 하나님이 인간의 죄는 창조하지 않으셨으나 다스리기는 하신다. 참조: *Conf.*, I, 7, 11.

나는 다른 사람의 쇠사슬에서가 아니고 바로 나 자신의 쇠사슬에 의해 묶여 있었습니다. 원수가 내 의지를 지배하여 그것들로부터 쇠사슬을 만들었고 그 쇠사슬에 의해 묶여 있었습니다. 원수가 내 의지를 지배하여 그것으로부터 쇠사슬을 만들었고 그 쇠사슬에 의해 나는 묶여 있었습니다. 그렇게 된 것은 내 의지가 왜곡되어(*voluntas perversa*) 육욕(*libido*)이 생겼고, 육욕을 계속 따름으로써 버릇(*consuetudo*)이 생겼으며, 그 버릇을 저항하지 못해 필연(*necessitas*)이 생겼기 때문입니다. 이것들은 쇠사슬의 고리처럼 서로 연결되어-그래서 나는 그것들을 쇠사슬이라고 불렀습니다- 나를 노예의 상태에 강하게 붙들어 매어 놓았습니다.[62]

그것은 또한, 곧 "최고의 실체이신 하나님으로부터 돌아서서, 낮은 부분으로 떨어져 밖으로 잔뜩 부풀어 있음"을 말하기도 한다.[63]

이처럼 어거스틴은 악의 원인을 존재와 선의 결핍으로(존재론적) 이해하다가, 그것을 실존적(도덕적)으로 추구하여 인간의 "선한 의지의 결핍" 혹은 "의지의 왜곡" 혹은 "악의 의지"(*voluntas mala*)라고 본 것이다.[64]

---

[62] *Conf.*, VIII, 5, 10. 본래 자유스러웠던 인간의 의지가 어떻게 스스로 묶이게 되어 노예 의지가 되었는가를 어거스틴은 자기의 이야기를 통해서 고백하고 있다. 그는 자기의 의지를 묶어 놓은 쇠사슬을 습관의 폭력이라고도 말하고 있다.

[63] *Conf.*, VII, 16, 22.

[64] *De cvi.*, Dei., XII, 3.

나는 나의 가는 길을 방해하는 장애물을 두려워 해야 했는데 오히려 그 장애물에서 벗어나게 됨을 두려워했습니다. 그러나 지금 나는 내 해를 탄식으로 보내고 있습니다.[65]

인간은 자신을 사랑하는 자기애에서 진정한 행복과 안정을 찾을 수 있는가?

이에 대한 대답은 부정적일 수밖에 없다. 인간은 본래 무상한 존재로서 시간 속에서 흩어져 있으므로 자신을 사랑하는 것에서 결코 행복과 안정을 찾을 수 없다. 그러므로 자신을 아무리 좋게 해주고 사랑한다고 할지라도 결과적으로 유래된 공허감은 피할 수 없게 된다.[66] 자기의 존재와 가치의 근원이 되신 하나님을 떠나 자신을 사랑함으로써 행복을 찾으려고 시도한 어거스틴은, 자기에게서 그것을 찾을 수 없음을 알게 될 때 필연적으로 자신 밖에서 사랑의 대상을 찾으려고 시도했다.

그는 이제 세상의 사물들을 사랑함으로써 자기의 존재감을 찾으려고 시도했다. 이러한 행위를 『고백록』에서 어거스틴은 하나님 밖에서(extrate) 순수하고 깨끗한 것을 찾으려고 할 때 곧 외도를 하는 것이라고 표현한다. 어거스틴은 하나님을 잘못 모방하는 것은 죄를 짓게 하는 교만한 행위였다고 고백한다.[67]

타락하기 시작한 어거스틴은 더 깊은 심연(深淵)으로 타락해 들어간다. 타락은 인간이 하나님에로의 사랑에서 떠나 자기 사랑으로 향할 때 시작되었다. 그는 이제 세상의 사물에서 자기의 존재감(가치)을 찾아보다가 더 깊숙이 변천하는 사물 속으로 빠져들고 만다. 이제 자기 사랑은 세상을 좋아하는 사랑(amor mundi)으로 떨어져 어거스틴이 말하는 탐욕(cupiditas)으로 빠지게 된 것이다.

---

65 *Conf.*, VIII, 5, 10.
66 *Conf.*, X, 39, 64.
67 *Conf.*, II, 6, 14.

내가 오랫동안 애착심을 가지고 대해 왔던 헛되고 헛되며 어리석기 짝이 없는 일들이 아직도 나를 꼭 잡도 있었습니다.
그들은 나의 옷자락을 슬쩍 치면서 조용히 당신이 우리를 정말 버리고 떠나가렵니까?
그러면 이제부터 우리는 당신과 영원히 할 수 없단 말입니까?
이제부터 당신이 이런 일 저런 일이 영원히 할 수 없다는 말입니까?
이렇게 속삭였습니다.
'이런 일 저런 일'이라는 말이 나에게 무엇을 암시해 주는 것입니까?
오! 나의 하나님, 그 말이 나에게 무엇을 암시해 주는 것입니까?
당신의 자비가 역사 하시어 당신의 종의 영혼에서 이런 것들을 멀리해 주소서!
아! 그것들은 얼마나 더럽고 부끄러운 것을 암시했습니까?
나는 그것들이 말한 것을 절반도 거의 듣지 못했습니다. 이제 그것들은 나와 정면으로 대결하지 않고 오히려 내 등 뒤에서 부드럽게 속삭이듯 했으며 내가 슬쩍 뒤를 돌아보도록 옷깃을 살짝 잡아당기는 것 같았습니다.
그리하여 그것들은 나의 발걸음을 느리게 했습니다.
그로 인하여 나는 그것들을 떼어 버리고 부름을 받는 곳으로 뛰어가기를 머뭇거렸습니다. 이때 습관의 폭력은 나에게 말하기를 "네 생각에는 그것들이 없어도 네가 살 수 있을 것 같으냐" 하는 것이었습니다.[68]

어거스틴은 자신 안에 일어나는 의지의 이중성으로 인한 극심한 고통을 당하였고, 이렇게 자신을 묶고 있는 쇠사슬을 끊어내려고 몸부림치다가 밖에서 들려오는 "들고 읽으라"는 아이들의 소리를 듣고 성경을 펴서 로마

---

[68] *Conf.*, VIII, 11, 26.

서 13장 13-14절을 읽었다. 브루너는 이러한 계시를 다음과 같이 말한다.

> 하나님은 예수 그리스도 안에서의 하나님 자신의 인간적 삶을 규정짓고 구성하는 원리와 능력인 이 사랑을 자신의 신적인 능력으로 주신다. 그 안에서 하나님은 자신의 신비를 우리에게 주신다.
> 그 안에서 하나님은 자신의 신비를 벗어나 우리에게 오셔서 그 신적인 신비를 우리에게 드러내시는 분으로 자신을 계시한다. 예수의 인격 안에서 발생한 이 계시의 중심은 바로 하나님은 이러한 사랑이시라는 것이다. 아가페로서의 하나님의 사랑은 자신에게서 나와서 타자를 향해 자신을 내어주는 운동이며, 이렇게 하여 자기의 교제의 실제적 과정 안에서 우리가 하나님은 사랑하시는 분임을 경험하게 되는 것이다.[69]

어거스틴은 하나님의 사랑을 통하여 야망과 소유욕으로 인하여 생긴 감질나는 걱정과 염려, 그리고 욕망의 종기를 긁어대는 그 고통의 뒤척임으로부터 해방될 수 있었다.[70]

하나님의 사랑은 어거스틴의 영혼 안에서 치유의 능력을 나타내었다. 어거스틴은 하나님의 사랑은 너무나 강력하여 자신의 영혼에 있는 모든 질병을 치료할 수 있고, 하나님의 사랑은 영혼에 은총을 가득히 부어 욕정의 끈적거리는 유혹으로부터 자유롭게 한다고 고백한다.[71]

> 당신은 모든 쾌락보다 더 달콤하지만, 그것은 혈육에 의한 것이 아닙니다. 당신은 모든 빛보다 더 밝지만 네 마음의 심연보다 더 깊은 곳에 계

---

[69] E. Bruner, *Dogmatic*, Vol.I, 257.
[70] *Conf.*, VIII, 7, 16.
[71] *Conf.*, IX, 1, 1.

신 분입니다. 당신은 모든 존귀에 뛰어나 존귀를 받을만하신 스스로 높다고 지칭하는 자들은 그것을 모릅니다. 이제 내 영혼은 명예와 이득과 간질거리는 정욕을 긁고 뒹구는 불안에서 해방되었습니다.

오, 나의 주 하나님이여, 그러므로 나는(이제 어린아이가 아버지에게 지껄인 것처럼) 나의 명예, 나의 부, 나의 구원된 당신에게 친근하게 이야기하고 있었습니다.[72]

하나님의 사랑은 만족의 원천이기에 어거스틴으로 하여금 모든 잘못된 사랑으로부터 떠날 수 있게 하였다. 하나님의 사랑 안에서 진정한 사랑의 의미를 깨닫게 되었음을 고백한다. 인간의 영혼이 하나님의 사랑에 만져지면, 그 영혼은 하나님의 사랑에 대한 갈증과 욕망을 느끼게 되는 변화가 일어난다고 고백한다.[73]

결국, 어거스틴은 그의 『고백록』에서 부끄럽게 생각하고 있는 것은 사랑이 아니라 잘못된 방향의 사랑에 대하여 참회하고 있다.[74]

오 주님! 당신은 나의 위로자, 나의 영원한 아버지이십니다. 그러나 나는 알 수 없는 질서인 이 시간 속에서 산산이 분열되어 있습니다. 내 생각과 내 영혼의 골수는 당신의 사랑의 불로 순환되고 녹아 당신과 하나가 되기까지는 여러 무상한 일들로 인하여 갈기갈기 찢겨있을 것입니다.[75]

---

[72] *Conf.*, IX, 1, 1.
[73] *Conf.*, VII, 4, 6.
[74] 이재하, "어거스틴의 고백록에 나타난 사랑의 개념," 「한국교회사학지」, 제23호 (2008), 1-206.
[75] *Conf.*, XI, 29, 39.

위의 글은 하나님의 사랑의 불로 순화되고 녹기 전에는 인간이 자기의 힘으로 자신의 절망적인 상황에서 벗어날 수 없음을 지적한 것이다. 어거스틴은 19세에 키케로의 『호르텐시우스』라는 책을 읽고 철학에 관심을 갖게 되었고, 악의 문제를 해결하기 위하여 마니주의에 심취해 보기도 했으며, 플라톤주의자들의 책을 읽고 마니주의의 이원론과 회의론을 극복할 수 있었고, 암브로시우스의 성경 해석과 설교를 듣고는 그리스도교로 전향하기도 하였다.

그러나 자신이 깊이 빠져 있는 죄의 흙탕물에서는 빠져나올 수가 없었다. 자신의 모든 이론과 노력이 파산을 당해, 사랑의 노예가 된 마음은 하나님을 온전히 사랑하기를 원하되 그대로 행치 못하는 자신의 무능력을 그는 깨닫게 되었다.

어거스틴의 청년기는 인간의 발달 과정상 자기 발견, 즉 자아 정체성을 찾으려고 했던 시기이다. 청년 어거스틴은 자신과 세상을 사랑의 대상으로 삼고, 그 속에서 자신을 발견하려고 하였다.

그 결과는 왜곡된 의지에서 유발된 악한 습관과 폭력의 노예가 되어버렸다는 것을 고백한다. 하나님에게 속한 자신의 정체성을 찾지 않고, 자신 안에서 자기 정체성을 소유하려고 할 때, 다시 말해 그 사랑의 대상으로 자기로 삼고 하나님 사랑을 고려하지 않을 때, 그 사랑은 무질서의 사랑, 쿠피디타스(*cupiditas*)가 된다는 것을 깨닫게 되었다.

쿠피디타스의 사랑은 세상을 향한 사랑이고, 무질서한 사랑(*dilectio inordinata*)이고 모든 악의 뿌리이다. 쿠피디타스는 낮은 존재에로 열망이며 낮은 존재에로 향함이다.[76] 쿠피디타스는 결국 하나님을 스스로 소외한 사랑이다.[77]

---

[76] St. Augustinus, 『신앙핸드북』, 심이석 역 (서울: 크리스챤다이제스트, 1999), 241.
[77] *De trin.*, XI, 5, 8-9.

제3장

어거스틴의 회심과 사랑의 전향

1. 회심의 여정

1) 어거스틴의 지적 회심

어거스틴(Augustinus)은 고백록에서 회심 전, 밀라노에서 신플라톤주의(Neoplatonism)자들의 책을 접하게 되면서 경험하게 된 영혼의 상승과 신비적 비전에 관해 서술하고 있다.[1] 그가 누구의 책을 몇 권을 읽었는지에 대해서는 상세히 알 수 없지만, 그간 고민했던 지적인 문제와 신앙적인 문제에 대해 해답을 얻었다고 한다. 그는 플라톤주의 철학을 긍정적으로 평가해서 "애굽에서 온 황금"[2]이라고 표현했다.

여기서 플라톤주의 철학이란 플라톤의 철학을 말하는 것이 아니라, 신플라톤주의(Neo-platonism)[3]를 말한다. 어거스틴은 플라톤주의를 통해서 어거

---

[1] Conf., XI, 9, 13.
[2] Conf., VII, 9, 15.
[3] 플라톤적인 '이데아계'(英智界)에 아리스토텔레스적인 운동·생성(生成)의 견해와 스토아적인 통일된 하나의 생명체·유기체로서의 우주를 보려고 하는 관점 등을 도입하여, 그렇게 함으로써 플라톤적 2원론(二元論)이 갖는 모순(상호간에 따로 존재하는 '이데아계'와 '현상계'를 어떻게 결합하여 관련을 맺게 할 것인가)의 한 가지 해결책으로서 의

스틴은 다음 세 가지를 알게 된다.

첫째, 영계(靈界)가 존재하고 있음을 알게 되었다.
둘째, 마니교의 이원론이 해결해주지 못하는 악의 원인에 대하여 새롭게 이해할 수 있게 되었다. 악이란 어떤 실재가 아니고 존재와 선의 결핍이라는 것이다. 모든 존재는 그것이 존재하는 한 다 좋다는 것이다.
셋째, 불안한 영혼이 안정을 찾기 위해서는 잡다한 세계를 초월하여 존재와 선의 원리인 하나님께 올라가야 함을 알게 되었다. 즉, 잡다한 세계에서 하나님에게로, 외적 세계에서 내면의 세계로, 시간에서 영원으로 올라감으로써 인간은 헷갈림과 불안에서 벗어날 수 있다는 것을 알게 되었다.

신플라톤주의를 통하여 기독교 신앙의 합리적 근거를 알기에 이른다. 갈망과 시간이 경과된 어느 시점에선가 어거스틴은 찰나와 같은 한순간에 "존재 자체"(*quod-est*, 스스로 계신 존재자)에 도달하게 된다.[4]

> 이리하여 나의 이성적 능력은 순간적으로 떨면서 눈을 떠, 마침내 존재 자체에까지 이르렀나이다.

미를 갖는 것으로 생각하였다. 또 '1자,' '누스,' '프시케'의 3 원리는 인간의 의식 내 사고(思考)의 반영이나(反映) 산물로 생각되고 있다. 즉, 현상계의 다양성이 의식 내에 있어서 논리적으로 정리되어 가는 단계를 3원리는 표시하고 있다.
이런 의미에서 3 원리는 초월적인 동시에 내재적(內在的)이라고 할 수 있다. 그는 결국 이와 같은 체계를 구상함으로써 초월적 절대자와 유한적 존재인 인간의 신비적 합일을 의도하였다. 그러나 그 후 3 원리는 초월적인 실체로서 생각하게 되어 절대자('토·헨', 그 밖에 갖가지 이름으로 불린다)를 정점으로 하는 존재의 계층단계를 표시하는 것으로 되었다. 참조: P. Brown, 『어거스틴 생애와 사상』, 123-41.

4　*Conf.*, VII, 17, 23.

그때 나는 당신의 보이지 아니하는 것들을 당신이 만드신 만물을 분명히 보아 알았으나(롬1:20), 시선을 고정할 수는 없었는데, 내 시력이 약한 탓으로 물리쳐져 내게 익숙한 일상의 세계로 되돌아갔으니, 내게는 그에 대한 아련한 기억만 남았을 따름이어서, 마치 맛있는 음식을 냄새만 맡고 먹지는 못하는 것과 흡사했나이다.[5]

그러나 어거스틴은 먼저 감각적, 물질적 세계로부터 물러서서, 내면적 자아로 되돌아오는 감각을 포착하는 순간 자신의 영혼이 순식간에 위로 상승하여 하나님의 존전(尊前) 비전에 도달하게 된다. 어거스틴은 신비를 경험하는 바로 그 순간을 "시선을 고정할 수는 없었는데"[6] 라고 묘사하고 있다.

여기서 어거스틴은 불변적인 빛, 즉 진리 자체를 매개체 없이 인식하게 되는 경험을 신플라톤주의(Neoplatonism)적 사상에 근거해서 기술하고 있다. 그는 성경의 말씀과 플라톤주의와의 사이에 어떤 공통점이 있음을 발견하기까지 하였다.[7]

그러나 어거스틴은 그리스도교 신앙과 플라톤주의 사이에 근본적인 차이가 있음을 알고 있었다. 그것은 "말씀이 육신이 되어 우리 가운데 거하심"으로 인간 구원의 길이 되신 성육신 사상과 십자가의 신비였다.

다음 내용은 바로 이것을 지적한 것이다.

진실로 숲이 우거진 산봉우리에서 평화의 나라를 바라다보면서도 그리로 가는 길을 찾지 못하는 것과 하늘의 황제가 이끄는 만군의 보호 아래

---

[5] *Conf.*, VII, 17, 23.
[6] *Conf.*, VII, 17, 23.
[7] *Conf.*, VII, 9, 13-15.

그곳으로 가는 길을 따라가는 것은 전혀 다릅니다[8]

또한, 그는 하나님 존전에서 그러한 최상의 인식이 자신의 죄의 무게로 인해 오래가지 못했다고 고백한다. 그것은 그 순간의 경험 후, 그는 하나님 존전에서 현상계로 밀려나 떨어졌다고 사실적으로 증언한다. 여기에 대하여 그는 "마치 맛있는 음식을 냄새만 맡고 먹지는 못하는 것과 흡사했나이다"[9]라고 고백한다. 어거스틴의 안타까운 마음을 묘사하고 있다

> 그리하여 나는 당신을 누리는데 필요한 힘을 얻고자 길을 찾아보았으나 하나님과 사람 사이의 중보(中保) 되신 분 곧 "만물 위에 계셔 세세에 찬양받으실 하나님"(롬 9:5)이시며 "사람이신 그리스도 예수"(딤전 2:5)를 영접할 때까지는 찾지 못하였으니 그는 우리를 부르시며 "나는 길이요 진리요 생명"(요 14:6)이라 말씀하셨고, 내가 연약하여 받아먹을 수 없는 하늘의 양식을 인간의 육신에 섞어 우리에게 주신 분 곧 "말씀이 육신이"(요 1:14) 되신 분이니이다.
> 그는 당신의 지혜로 당신은 저로 말미암아 만유를 지으셨는데 그는 연약한 우리를 위한 젖이 되어 주셨나이다 하오나 나는 겸손하지 못하여 겸손하신 나의 하나님 예수를 붙들지 못하였으니….[10]

어거스틴은 자신이 하나님의 존전에서 밀려나게 된 것을 하나님과 사람 사이에 중보자 되시는 예수 그리스도를 영접하지 못한 것이 결핍 사유임을 알게 되었다. 죄성(罪性)의 뿌리를 가진 인간이 거룩한 하나님의 빛 앞에

---

[8] *Conf.*, VII, 21, 27.
[9] *Conf.*, VII, 17, 23.
[10] *Conf.*, VII, 18, 24.

나아갈 수 있는 것은 오직 예수 그리스도의 중재를 통해서만 열려 있는 유일한 구원의 길이기 때문이다. 그러나 어거스틴은 그때까지 이러한 이해의 차원에서의 예수 그리스도에 대한 앎이 없었다. 그 자신의 심경을 다음과 같이 토로한다.

> 하오나 당시 나는 그렇게 생각하지 않고 나의 주 그리스도를 인간으로, 단지 누구와도 비교할 수 없는 탁월한 지혜를 소유한 인간으로 생각했나이다.[11]

어거스틴은 그리스도교의 신앙의 합리적인 근거를 알게 되었다. 그러나 어거스틴은 그리스도교 신앙과 플라톤주의 근본적 차이가 있음을 알 뿐이었다. 그의 철학적 문제를 해결해준 플라톤 철학도 그를 포로로 만든 육욕의 쇠사슬에서 풀어주기에는 무력했다.

모니카는 어거스틴을 권면하여 동거해온 여자를 고향으로 보내고 빨리 정식 결혼을 하라고 종용하였다. 그래야만 그가 세례를 받을 수 있고 그의 생활이 안정을 찾을 수 있다는 것이었다. 또한 주위에서도 빨리 결혼을 하라는 소리가 끊이지 않았다.

어거스틴은 할 수 없이 13년 동안이나 카르타고에서부터 동거해왔고 자기에게 아들까지 낳아준, 이름이 밝혀지지 않은 그 여인을 북아프리카로 돌려보냈다. 그녀를 보내고 난 어거스틴은 자기의 아픈 심정을 "그녀를 사랑했던 내 마음은 심한 타격을 입고 상처를 받아 피를 흘리는 것이었습니다"[12]라고 고백했다.

---

[11] *Conf.*, VII 18, 24.
[12] *Conf.*, VI, 15, 25.

비록, 짧은 문장이지만 당시의 어거스틴의 내면의 아픔을 감히 짐작할 수 있다. 동거인을 보냈고 결혼하기까지는 2년을 더 기다려야 했던 어거스틴은, 그동안을 참을 수가 없어서 다른 여자와 또 관계를 가지게 되었다. 자신을 가리켜 어거스틴은 스스로 '정욕의 노예'가 된 탓이라고 고백하고 있다.[13] 아직도 쿠피디타스에서 벗어나지 못함을 고백하고 있다.

2) 마음의 회심

밀라노 생활에서 누구보다도 큰 영향을 미친 사람은 밀라노교회의 감독 암브로시우스였다.[14] 어거스틴은 암브로시우스를 통해 하나님의 말씀을 재조명받게 된다.[15] 또한, 그는 바울서신을 연구하게 되면서 성경 말씀의 진

---

[13] *Conf.*, VI, 15, 25.
[14] 이석우, 『아우구스티누스』(서울: 민음사, 1995), 72.
[15] 어거스틴이 암브로시우스 감독을 찾아가 만났을 때 그는 이미 서방교회에 잘 알려진 유능한 감독 중 하나였다. 어거스틴은 이 감독으로부터 결정적인 영향을 받았다. 특히 그의 설교와 성경의 은유적 해석(allegorical interpretation)은 어거스틴에게 새로운 이해의 지평을 열어주었다.
성경을 문자 그대로 읽으면 서로 모순된 것처럼 생각되는 곳을 암브로시우스 감독은 이 은유적 해석을 통하여 글자 배후에 숨어 있는 의미를 어거스틴에게 알게 해주었다. 그래서 어거스틴은 암브로시우스가 성경 해석의 원리로 즐겨 인용한 "의문은 죽이는 것이요 영은 살리는 것임이니라"(고후 3:6)는 성구를 대단히 좋아하였다.
'또한, 그의 설교는 신앙과 이성의 관계에 대하여 고민하고 회의하는 어거스틴에게 진리를 이해하는 데 새로운 접근 방법을 가르쳐 주었다. 그의 설교를 듣고 어거스틴은 인간의 이성이 제한되고, 미숙하며, 죄로 인해 병들었기 때문에 신앙(권위)의 인도해야 함을 깨닫게 되었다. 그래서 어거스틴은 다음과 같이 고백하고 있다.
'"내가 그때 믿기만 했으나 나는 바로 치료될 수가 있었을 것입니다. 그러면 그 믿음으로 내 영혼의 눈이 밝아져 영원히 같으시고 부족함이 없으신 당신의 진리를 바라볼 수 있었을 것입니다."
'이것을 어거스틴은 후에 "알지 못하는 하나님을 사랑할 수 있는가"라는 말로 표현하였다. 그렇다고 어거스틴은 맹목적인 신앙을 옹호하는 것이 아니었다. 그는 맹목적 신앙이나 광신적인 신앙의 위험성을 막기 위해 이해하기 전에 믿어야 하지만, 왜 우리가 믿어야 하는지를 믿기 전에 알아야 한다고 강조하기도 했다. *Conf.*, VI, 4, 6. 참조: 선한용,

리를 깨닫기 시작하며, 동시에 『안토니의 생애』(*The Life of AntoNew York*)[16]를 탐독하게 됨으로 진리의 문턱에 더 가까이 이르게 되었다.

빅토리아누스(Victorianus)[17]의 이야기와 폰티시아누스(Ponticianus)[18]를 통해 황제를 수행하던 두 명의 관리가 복음을 받아들여 관직과 결혼을 포기하고 하나님의 사람들이 함께 생활하는 공동체의 일원이 되었다는 이야기를 들었다. 심플리키아누스(Simplicianus)[19]로부터 이 이야기를 전해 들은 후 신선한 충격과 도전에 사로잡힘으로 성찰의 길에 접어들게 된다.[20]

어거스틴은 타락에서 돌이키지 못하는 자신을 고백한다.

> 내 영혼은 습관의 흐름이 저지당하는 것을 죽음처럼 두려워하였으나 사실은 바로 그 습관 때문에 영혼은 죽음으로 빠져들어 가고 있었습니다"[21]
> 나는 나 자신 속으로 돌아갔나이다.
> 그때, 내가 나 자신에게 하지 않은 말이 무엇이었겠나이까?
> 나는 자책의 채찍으로 내 영혼을 때리며, 당신의 뒤를 따르려 애쓰는 나를 따르라고 하였나이다. 하오나 내 영혼은 반항하고 거절하였나이다.

"플라톤주의와 어거스틴," 「신학과 세계」, 제26권 (1993), 189-212 193.

[16] Antonius는 고대에 수도 생활자의 모범이었다. 교부 아타나시우스가 A.D. 357년경 안토니우스 전기를 썼고, 이것이 A.D. 370년경 Evagrius에 의해 라틴어로 번역되었다.

[17] 심플리키아누스 사제와 빅토리누스는 가까운 친구였다. 이경재, 『설교자를 위한 어거스틴의 고백록』(서울: CLC, 2013), 141.

[18] *Conf.*, VIII, 6. 14.

[19] 심플리키아누스 사제도 플라톤주의자였음을 알 수 있다. 그는 밀라노에 와서 플라톤주의와 그리스도교 신앙을 종합하려고 과감한 시도를 했다. Peter Brown, Augustine of Hippo (Berkeley : University of California Press, 1967), 93.

[20] 심플리키아누스 사제와 암브로시우스 감독을 찾아가 담화를 나누었던 어거스틴이 플라톤주의의 영향을 크게 받았음을 알 수 있다. John J. O'Meara, Charter of Christendom : The Significance of the City of God (New York : The Macmillan CompaNew York, 1961), 135.

[21] *Conf.*, VIII, 7, 18.

그러면서도 변명은 못했나이다.

변명의 구실은 모두 소진되고 무너져버렸으니, 남은 것이라고는 아무 말도 못하고 떠는 일밖에 없었나이다. 내 영혼은 습관의 흐름이 저지당하는 것을 죽는 것처럼 두려워하였으나, 사실은 그 습관으로 인해 죽음으로 빠져들고 있었나이다.[22]

어거스틴은 하나님의 은혜로 하나님을 아는 지식에 대한 놀라운 통찰력이 생겨난, 동시에 자신의 연약한 육신의 욕망으로 인한 끊이지 않는 고뇌에서 벗어나지 못하고 있었다. 그러던 중, 그는 밀라노의 한 정원에서 통회(痛悔)의 눈물을 흘리게 된다. 여기에 대하여 『고백록』에서는 다음과 같이 묘사한다.

> 이렇듯 철저한 자기반성을 통해 내 영혼 은밀한 곳에 감추어져 있던 나의 모든 비참함이 드러나 내 심령의 눈앞에 쌓이게 되자. 거대한 폭풍우가 일어나 소낙비처럼 세찬 눈물을 쏟아 놓을 것만 같았나이다….
> 나는 나 자신도 모르게 어떤 무화과나무 아래에 주저앉아 울음보를 터뜨렸는데 내 눈에서는 눈물이 강물처럼 흘러내렸으니 당신이 받을 만하신 희생제물이었나이다….
> 언제까지 "내일내일"이라는 말을 되풀이해야 하나이까?
> 왜 지금은 할 수 없나이까?
> 왜 지금 이 시각 나의 치욕이 끝나지 않나이까?[23]

어거스틴은 자책의 채찍을 휘둘러 자신의 영혼을 쳐서 하나님을 따르려고

---

[22] *Conf.*, VIII, 7, 18.
[23] *Conf.*, VIII, 12, 28.

애를 썼지만 어거스틴은 습관 때문에 스스로 뒷걸음치고 있는 자신의 모습을 이제는 변명할 모든 이론과 논증이 무너졌고 남은 것은 영혼이 죽음으로 빠져들어 가는 것에 대한 두려움에 압도되어 몸 둘 바를 몰랐다.[24]

어느 사이 정욕의 노예 된 자기 모습을 부끄러워하였다. 어거스틴이 이처럼 자백적 통회의 눈물을 흘리며 울부짖고 있을 때, 이웃집에서 어린아이들의 노랫소리가 담장 너머로부터 들려왔다.

이때였나이다. 이웃집에서 소년인지 소녀인지는 알 수 없으나, '들고, 읽어라! 들고, 읽어라!'(*Tolle, lege; Tolle, lege!*)[25]

어거스틴은 이 말을 하나님의 음성으로 받아들여 성경을 펴서 읽었는데, 그것이 바로 로마서 13장 13-14절이었다.

낮에와 같이 단정히 행하고 방탕과 술 취하지 말고 음란과 호색하지 말며 투쟁과 시기하지 말고 오직 주 예수 그리스도로 옷 입고 정욕을 위하여 육신의 일을 도모하지 말라(롬 13:13-14).

어거스틴은 이때의 경험을 다음과 같이 말한다.

나는 더 읽고 싶지도 않았으며 그럴 필요도 없었나이다. 이는 이 구절을 읽는 바로 그 순간 내 심령 속에 확신이 밝은 빛이 내 마음에 들어와

---

[24] *Conf.*, VIII, 7, 18.
[25] *Conf.*, VIII, 12, 29.

(*infusa cordi meo*) 의심의 모든 그림자를 몰아냈습니다.[26]

어거스틴의 신비로운 회심은 하나님이 참된 중보자 되심을 고백한다. 그리스도가 인간적인 면에서는 우리의 중보자 되시나 하나님의 말씀인 면에서는 중간적 존재가 아니고, 하나님과 동등하시고, 하나님과 함께 계시며, 하나님과 하나이신 분임을 고백한다.[27]

3) 신비의 체험

어머니 모니카(Monica)가 이 세상과 사별한 날이 가까워져 올 즈음, 잠깐 지루하고도 힘든 여행을 멈추고, 배를 타기 위해 티베르 강가의 오스티아에 있는 한 집의 정원 창가에 기대서서 소란한 군중들로부터 떠나 먼 항해를 위해 쉼을 가지고 있었다.[28]

바로 그때, 그들은 하나님 "진리이신 당신의 존전에서"라고 논의하면서(고전 2:9), 마음의 입으로는 "하늘에 있는 당신의 샘으로부터 흘러나오는 생명의 물을 받아 마시기를 간절히 사모하였나이다"(시 36:9) 하면서, 또한 그들은 장차 있을 그리스도인의 미래의 삶에 대하여 논의하였다.

> 대저 생명의 원천이 주께 있사오니(시 36:9), 우리는 심령의 입을 크게 벌려 하늘에 있는 당신의 샘으로부터 흘러나오는 생명의 물을 받아 마시기를 간절히 사모하였나이다. 그리하여 거기서 흘러나오는 샘물을 단 몇 방울만이라도 힘껏 받아 마셔, 그토록 심오한 문제를 조금이나마 이해해

---

26 *Conf.*, VIII, 12, 29.
27 *Conf.*, VIII, 43, 68.
28 *Conf.*, X, 10, 23.

보고자 시도했나이다.[29]

어거스틴과 어머니 모니카는 하나님을 바라봄으로 도달하게 된 하나님과의 교통에 대하여 고백록 제9권 10장 24절에서는 다음과 같이 묘사하고 있다.

> 이러한 결론에 도달한 우리는 마음이 한층 뜨거워져, 항상 동일하신 당신께로 향해 나아가는 중에, 모든 삼라만상을 단계적으로 뚫고 지나간 다음, 해와 달과 별들이 있는 지상으로 빛을 보내는 저 천상의 세계에까지 도달하였나이다.
> 그리고는 당신이 하신 일에 대하여 생각하고 말하고 찬탄하면서, 더 높이높이 올라가다가, 우리 인간 영혼의 세계에까지 이르렀으며, 결국에는 그것까지 초월하여, 당신이 진리의 꼴로 이스라엘을 영원토록 먹이시는 저 무한히 풍요로운 곳에 다다르게 되었으니, 그곳에서는 생명이 곧 지혜였는데….

어거스틴은 어머니 모니카와 담화 속에서 지혜를 갈망하고 있을 때, "우리는 온 심령을 그것에 집중시켜 순간적이나마 그것에 살짝 접촉하게 되었나이다"[30]라고 진술한다. 여기서 어거스틴은 자신의 신비적인 체험을 설명하면서 정감적인 사랑을 뜻하는 강렬한 갈망을 기술하고 있다.

이런 정황은 "순간적인 마음의 전적인 충격 가운데서(*toto ictu cordis*)의 접촉"을 의미한다. 그러한 표현에 있어서 논란의 여지가 있지만, 그것은 "피조물의 영역을 벗어난 순간적인 마음의 충격(beat), 또는 비약(leap) 속에서의 도

---

[29] *Conf.*, IX, 10, 23.
[30] *Conf.*, IX, X, 24.

취 내지는 탈아 상태였을 것이라고 한다. 즉, 이러한 상태에서는 영혼이 육체의 감각에서 완전히 떨어져 나가는 돌연한 순간을 접하게 된다."[31]

이러한 정황은 아마도 어거스틴의 영육이 전적으로 몰입된 상태 즉, 몰아(沒我)의 상태로 추정되어 진다. 계속되는 어머니 모니카와의 담화 속에서 "육체의 소란스러운 소음들이 잠재워진 후 영혼 역시 침묵으로 들어가 자신을 생각하지 않음으로써 자신을 초월한다"라고 묘사한다.

이 말은 곧 "세상 만물의 모든 피조물로부터의 소리가 잠잠해질 때 창조주에게로 향하여 그의 소리를 직접 듣게 된다"[32]라는 말과 상통하는 것이다. 그리고 바로 그때, 그런 "직접적인 경험을 통해 순간적인 충격 속에 자기 초월적 직관, 영원한 초월적 지혜에 접촉하는 경험"을 하게 된다.

그러나 그는 "만일, 이러한 상태가 지속하므로 오직 관조적으로 보는 자의 마음이 흡수되고 깊은 내적 환희에 끌려들어 갈 때, 이 순간의 깨달음이 영원히 지속하는 생명이 된다면, 그때가 바로 '그대의 주의 기쁨에 동참하라'는 때가 되지 않겠는가?"라고 한다.

그러나 이러한 황홀경과 환상적인 도취는 그에게 기쁨과 영생을 앞서 맛보게 하는 것에 지나지 않았다. 얼마의 시간 경과 후 어거스틴은 또다시 "한숨과 탄식으로 시작과 끝의 경계의 시간성 속 인간"으로 돌아오고 만다.[33] 이러한 하나님과의 신비로 교통을 경험한 그는 하나님을 향한 갈망의 도가니에 빠지게 된다.

> 주여! 당신은 아주 많이 오래되었으면서도 아주 새로운 아름다움이신데, 나는 당신을 너무 늦게야 사랑하게 되었나이다. 하온데, 보소서! 당신은

---

[31] 이후정, "어거스틴의 신비주의,"「신학과 세계」, 제33호 (1997), 126.
[32] 이후정, "어거스틴의 신비주의," 126.
[33] 이후정, "어거스틴의 신비주의," 127.

내 안에 계셨건만 나는 바깥에서 있었으며, 거기서 당신을 찾았사오니, 나는 스스로 몰골이 흉하게 된 채 당신이 지으신 아름다운 것들 속으로 빠져들어 갔나이다.

당신 안에서 존재하지 않는다면, 존재할 수조차 없는 것들이 나를 붙들고는, 당신에게서 나를 멀리 떠나게 하였나이다. 그때 당신은 나를 큰 소리로 부르사, 나의 막힌 귀를 틔워 주셨나이다.

당신은 또한 내게 빛을 번쩍 비추사, 내 눈의 어두움을 쫓아 주셨나이다. 당신이 향기를 뿜어 주실 때 나는 그것을 깊이 들이마시고는, 당신을 더욱더 갈망하게 되었나이다. 나는 당신의 감미로움을 안 다음부터는, 당신에게 대한 굶주림과 목마름을 더욱더 느끼게 되었나이다. 그때 당신은 나를 만져주셨으니, 나는 당신의 평화를 사모하는 마음으로 불탔나이다.[34]

어거스틴이 묘사하고 있는 하나님은 "그때 당신은 나를 큰 소리로 부르사, 나의 막힌 귀를 틔워 주셨나이다"[35]라고 거침없이 고백할 수 있는 은혜의 주님이시다. 그는 이러한 하나님의 신적인 능력을 통한 은혜를 경험하게 됨으로써 더욱더 하나님을 갈망하며 기도에 몰입하게 된다. 그의 이러한 갈망과 하나님과 신비로운 교통의 추구가 다음과 같이 묘사되고 있다.

당신은 우리 인간의 마음을 움직여 당신을 찬양하고 즐겁게 하십니다. 당신은 우리를 당신을 향해서(ad te) 살도록 창조하셨으므로 우리 마음이 당신 안에서 (in te) 안식할 때까지는 편안하지 않습니다.[36]

---

[34] *Conf.* X, 27, 38.
[35] *Conf.*, X, 27, 38.
[36] 이 짧은 한 문장은 고백록의 전 사상을 나타내고 있을 뿐 아니라, 어거스틴 전 사상을 대표하는 문구라고 볼 수 있다. 여기에서 "당신을 향해서"(ad te)란 표현은 인간 본래적인

결국, 이러한 하나님을 향한 갈망이 하나님께서 자신에게 허락하신 신비로운 축복으로 알고, '하나님 안에 나,' '내 안에 하나님'이 되기를 고백한다.

> 하오나 이 모든 것이 내 하나님의 선물로 내가 나에게 준 것이 아니었는 즉 다 좋은 것이었으며, 이 모든 좋은 것이 합하여 나를 이루었나이다. 그러므로 나를 만드신 분은 선하시며 그분 자신이 나의 선이 되시니, 나는 그분에게 내가 어릴 때 지니고 있던 모든 좋은 것을 인하여 찬양을 드리나이다. … 나의 기쁨, 나의 영광, 나의 미쁨이 되시는 나의 하나님, 당신께서 주신 선물로 인하여 당신께 감사하나이다.
> 하오나 당신이 주신 것들을 내 안에 잘 보존하게 하소서! 그리하면 당신이 내게 주신 것들이 더 풍성해지고 온전해짐으로 당신이 계신 곳에 나도 함께 있게 되리니, 이는 내가 존재하는 것조차 당신이 내게 주신 것인 까닭이니이다.[37]

어거스틴의 신비 체험은 하나님과 인간 간의 관계를 흐리게 하거나 없애는 것이 아니라 오히려 창조주와 피조물 사이의 차이를 더욱 강조하는 뜻이라고 볼 수 있다. 그래서 학자들은 그의 신비주의의 체험을 가리켜 교제의 '신비주의'(mysticism of communion)라 말하기도 한다. 어거스틴의 신학적인 동기는 피조물이 창조주에게 절대적으로 의존된 관계라고 말하려는 것이기 때문이다.[38]

삶을 말하는 것이다.
이와 반대로 하나님에게 등을 돌리는 'a te' 혹은 'abs te'(하나님으로부터 소외, 분리)이다. 회심이란 'abs te'의 삶에서 ad te로 전향하는 것이다. 그리고 기독교인의 삶은 순례의 마지막으로 "당신 안에서"(in te) 안식하는 것이다. Conf., I, 1, 1.

[37] Conf., Ⅰ, 20, 31.
[38] Conf., VII, 11, 17.

2. 은혜와 사랑의 전향

어거스틴은 하나님의 은혜를 불가항력(선물)이라고 말한다.

우리의 의지와 무관하게 하나님이 자신의 예정 가운데서 우리의 의지를 일으키신다. 그렇다면 은혜와 예정의 관계는 어떠한가?

예정은 은혜를 준비하며 은혜는 주시는 일 자체이다. 따라서, 불가항력적인 은혜는 강제적인 은혜가 아니라 값없이 주시는 은혜이다. 하나님은 자신의 불가항력적 은혜에 의해서 우리의 의지와는 무관하게 예수 그리스도를 믿도록 하신다.

여기서 믿음은 은혜에 의해서 주어진 것이다. 은혜는 믿음이나 의지나 순종보다 먼저 있다. 은혜가 믿음을 주며 은혜는 왜곡된 의지를 치유해서 순종하도록 하기 때문이다.[39]

어거스틴은 위로 던질 때 아래로 떨어지는 돌의 운동에 필연성을 부여하는데, 돌은 위로 스스로 올라갈 수 없음을 의미한다. 우리에게 은혜가 없다면 떨어지는, 떨어진 돌과 같은 상태이다.[40]

> 그러므로 하나님께서는 사람들에게 은사를 주실 때, 그 주시리라는 것을 예지하셨고, 그들에게 주실 은사를 준비하신 것입니다. 그러므로 예정하신 자들을 또한, 부르셨고, 그 부르심에 대해서는 성경에 "하나님의 은사와 부르심에는 후회하심이 없느니라"(롬 11:29)고 되어 있는 말씀을 나는 자주 기꺼이 인용합니다.

---

[39] St. Augustinus, 『은혜론과 신앙론』, 김종흡 역 (서울: 생명의 말씀사, 1997), 308.
[40] *De lib. arb.*, III, 1, 3.

하나님이 장차 하실 일들을 예지하시며, 속이거나 변할 수 없는 그 예지로 그 일들을 정돈하시는 것이 예정이며 이것은 절대적인 것입니다.[41]

1) 필수적 은혜와 사랑의 전향

어거스틴의 은혜는 필수적이다.[42] 믿음을 가지려면 먼저 은혜가 선물로 주어져야 한다. 어거스틴의 펠라기우스와의 논쟁에서 믿음은 공로에 의한 보상이 아니라 거저 주시는 선물(은혜)이라고 말한다.

어거스틴은 믿음을 세 가지로 이해하였다.

첫째, 믿음의 대상은 성경에서 찾았다. 어거스틴의 믿음의 대상은 그리스도 안에 있는 하나님이 인성이 중심이 된다.

둘째, 소명을 통해서 하나님 자신의 은혜 안에서 믿음의 내용을 전달하시면서 하나님은 인간을 하나님 자신과 연결시키시고 세상과 결별하도록 하신다.

셋째, 믿음은 계속 성장해서 하나님과의 사랑(*caritas*)까지 이르러야 믿음의 성취라고 어거스틴은 믿음을 이해하였다.[43]

이처럼 어거스틴의 사랑은 믿음을 전제로 한다. 성령의 역사에 따라서, 하나님의 사랑이 영혼에 부어지면 의지가 변화되어 하나님을 자유로이

---

41 St. Augustinus, 『은혜론과 신앙론』, 309.
42 어거스틴의 주장은 인간 자신에게는 실제로 하나님을 사랑할 수 있는 *caritas*가 없다는 것을 의미한다.
43 정홍열, "아우구스티누스 신학에서 본 믿음과 사랑의 관계 재조명," 「한국조직신학논총」, 제41집 (2015), 127.

사랑하게 된다고 말한다.

> 나의 사랑은 나의 무게입니다. 내가 무엇이 되든지 그것은 사랑에 의해서입니다. 사랑에 의해서 우리는 불을 붙여지고 우리는 불처럼 위로 상승하도록 태어났습니다. 우리의 마음에 불이 타오르고 계속 그렇게 타오릅니다.[44]

인간의 의지를 움직이는 원동력은 사랑이다. 의지는 살아있는 사람만의 것이다. 사랑은 의지를 끄는 힘이다. 사랑하지 않는 사람은 의지가 없는 죽은 사람이다. 우리가 사랑하는 것은 하나님의 은혜이다.

그러므로 살아있는 사람에게는 하나님의 사랑이 필수적 은혜이다. 우리에게 생명 주시는 은혜이다. 사랑하게 해주시는 은혜이다. 어거스틴은 먼저 하나님이 우리를 사랑하지 않으시면 우리는 그를 사랑하지 않을 것이라고 다음과 같이 말한다.

> 하나님이 먼저 우리를 사랑하시지 않으면 우리는 그를 사랑하지 않을 것입니다. 우리는 그를 사랑하지 않을 겁니다. 여기에 대한 가장 명백한 증명은 "우리가 사랑함은 그가 먼저 우리를 사랑하셨음이라"(요일 4:19)는 요한의 말씀입니다.
> 은혜는 우리가 율법을 사랑하게 하고, 은혜가 없으면 율법 자체는 우리를 범법자로 만들 뿐입니다. 주님께서 제자들에게 "너희가 나를 택한 것이 아니요, 내가 너희를 택하여 세웠나니"(요일 15:16)라고 하신 말씀도 이런 뜻에 불과합니다.

---

[44] *Conf.*, XIII, 9, 10.

만일 우리가 먼저 주님을 사랑하고, 이 공로 때문에 주님이 우리를 사랑해 주시는 것이라면 우리가 먼저 그를 택하고 그 결과로 그가 우리를 택할 만한 자로 인정하신 것이 될 것입니다.

그러나 진리이신 주님께서 하시는 말씀은 다르며, 사람들이 이 허무한 공상을 정면으로 부정합니다. 주님은 "너희가 나를 택한 것이 아니다"라고 말씀하십니다. 너희가 나를 택하지 않았으니, 나를 사랑하지 않은 것이 확실하다는(사랑하지 않는 사람을 선택할 수 없으므로) 말씀입니다.[45]

어거스틴은 하나님이 먼저 우리를 사랑하기 때문에 우리를 택하셨고 우는 믿음을 가지게 되었다는 것이다. 그리스도께서 사람들을 택하심으로써 하나님의 은혜가 먼저 개입한 것이 아니면, 사람들이 그리스도를 선택한 데는 그들의 공로가 있을 수 없다.

하나님은 우리를 그의 사랑의 대상으로 먼저 부르시고, 우리가 그를 믿게 하셨다. 어거스틴의 사랑의 전향은 하나님과의 인간의 사랑은 하나님의 사랑이 먼저 임을 믿는 것부터 시작된다.

2) 연합적 은혜와 사랑의 전향

은혜로 하나님과 연합된 의지는 자유스러운 의지이다. 어거스틴은 자유를 구분한다. 하나님은 인간에게 선과 악을 선택할 수 있는 '자유의지' (*liberum arbitrium*/ free choice)를 주셨다.

그러나 진정한 자유의지는 선과 악을 선택할 수 있는 의지가 아니라 하나님의 불가항력적인 은혜(선물)로 연합된 자유의지이며 이 의지는 항상

---

[45] St. Augustinus, 『은혜론과 신앙론』, 206.

하나님을 사랑하고 순종하고자 하는 '자유의지'(*liberum arbitrium*)이다.[46]

자유란 단순히 선과 악을 선택하는 것이 아니라 하나님과 우리 관계를 유지하기 위해서 하나님과 세상 사이에서 하나님을 선택게 하는 자유를 말한다. 어거스틴은 하나님과의 연합된 의지는, 하나님 사랑(우리에게 주시는 사랑의 자발성)에 연합되는 것이므로 인간도 자발성을 가지고 큰 사랑을 할 수 있으며 그 예로 순교자들이 위대한 계명들을 순종하며 지킨 것은 큰 의지와의 연합되었기 때문이라고 말한다.

또한, 베드로도 주님을 세 번이나 모른다고 했을 때는, 하나님과 연합된 사랑이 그에게 아직 없었고(마 26:69-75), 베드로가 주님을 향해서 "주를 위하여 내 목숨을 버리겠나이다"(요 13:37)라고 말했을 때는, 그에게 사랑이 없었던 것이 아니라, 다만 그 사랑이 작고 약했던 것이라고 말한다.

비록, 작은 사랑이라도 그 사랑을 그에게 주기 시작한 것은 하나님의 사랑이고, 그의 의지를 준비하며 자기의 역사로 시작한 일을 협력으로 완성하시는 하나님이라고 어거스틴은 말한다.

어거스틴은 하나님에 대한 사랑을 하나님의 자유와 인간 자유의 만남을 예수 그리스도와의 유사성과 연합에서 발견하였다.[47] 그래서 은혜로 어거스틴은 자발적으로 사랑의 연합되고 사랑의 소속감을 느끼게 된 것을 다음과 같이 진술한다.[48]

---

[46] Vernon J. Bourke, *The Essential Augustine* (Indianapolis: Hackett Publishing CompaNew York. 1978), 176.
[47] 양명수 외, 『오늘의 어거스틴』 (서울: 대한기독교서회, 1997), 125
[48] *De lib. arb.*, II, 1, 2. 모든 선은 하나님으로부터 존재한다는 사실로부터, 인간들도 하나님으로부터 존재한다는 사실을 이해할 수 있다.

하나님께서는 우리가 뜻을 품도록 우리 속에서 역사하기 시작하며, 우리가 뜻을 품게 되면 우리와 협력해서 그 뜻을 실현하십니다. 그러므로 사도는 "너희 속에 착한 일을 시작하신 이가 그리스도 예수의 날까지 이루실 줄을 우리가 확신하라"(빌 1:6)고 합니다.

그러므로 하나님께서는 우리가 원하게 되도록 단독으로 행동하시고, 우리와 협력해 주십니다. 우리가 원하게 되어 활동할 정도가 되면 우리와 협력해 주십니다. 그러나 우리가 원하게 되도록 하나님이 역사하시거나, 원하게 된 우리와 협력해 주시지 않는다면, 우리는 우리 자신의 힘만으로는 경건하고 선한 생활을 할 수 없습니다.[49]

3) 치유적 은혜와 사랑의 전향

어거스틴에 있어서 불가항력적인 은혜는 자유의지를 제거하는 것이 아니라 치유(therapeutic nature of grace)한다. 어거스틴은 말한다

> 하나님의 은혜는 사람의 의지를 제거하는 것이 아니라, 악한 의지는 변해서 선하게 만들며, 선한 의지는 돕는 것입니다. 또 내가 이 문제를 논할 때 여러분에게 말한 것이 내가 아니라, 영감을 받은 성경이며, 성경이 진리를 가장 분명하게 증거했다고 나는 생각합니다.[50]

어거스틴은 성경을 통하여 의인으로서의 같이 감을 회복하게 되었다. 어거스틴은 치유된 의지는 하나님의 자녀(의인)로서의 정체성을 갖게 되었다.

---

49 St, Augustinus, 『은혜론과 신앙론』, 200.
50 St, Augustinus, 『은혜론과 신앙론』, 208.

의인을 의롭다 하는 것은 율법이 아니라 믿음의 법이며, 이 믿음의 법의 인도로 그는 하나님의 은혜를 도움을 받지 않고서는 자기의 약한 힘으로 도저히 행위의 법의 명령들을 행할 수 없다는 것을 믿었기 때문입니다.[51]

은혜는 왜곡된 의지를 치유한다. 어떻게 치유하는가?

그리스도의 돌아가심과 부활의 신비가 우리의 옛사람은 죽고, 새로운 삶이 생겨남이다. 이는 죄의 파괴와 의의 갱신을 의미한다. 분명히 그러한 존재의 재탄생은 율법의 문자에 의해서가 아니라, 예수 그리스도에 대한 믿음에서만 이룰 수 있다. 믿음에 의해서만 모든 사람은 그들의 존재가 치유되며, 하나님의 은혜에 의해서만 실현된다.

이러한 성찰은 하나님의 빛으로 하나님을 경외하게 한다. 하나님에 대한 경외는- 헬라어로 테오세베이아(*theosebeia*) 부르는- 참 지혜이며, 이 지혜는 "보라, 주를 경외하는 것이 곧 지혜요"(욥 28:28) 테오세베이아(*theosebeia*)의 어원대로 감사하는 자가 되어 교만에서 벗어날 수 있다고 어거스틴은 말한다.[52]

어거스틴은 은혜로 왜곡된 의지가 치유되었고 하나님께 소속된 가치 있는 존재(의인)가 되었음을 감사한다. 그는 하나님의 은혜로 믿음, 소속감, 같이 감의 회복을 통하여 하나님과의 인격적 교제를 하게 되었다. 자기 중심적 사랑에서 벗어나 관계적 사랑, 하나님과의 교제의 사랑으로 사랑의 전향되었다. 그는 사랑이 전향된 상태를 다음과 같이 고백한다.

이러한 거룩한 사고는 하나님의 날개 보호 아래 있기를 소망하는 사람들에게 "저들의 그 집에서 배부르고," "그의 기쁨의 강에서 마실 것"임을

---

[51] St, Augustinus, 『은혜론과 신앙론』, 28.
[52] St. Augustinus, 『아우구스티누스의 후기 저서들』, 이형기 외 1인 역 (서울: 두란노아카데미, 2011), 283.

잊지 않게 한다. 왜냐하면, "대저 생명의 원천이 주께 있사오니 주의 광명중에 우리가 광명을 보리이다.

주를 아는 자에게 주의 인자하심이 계속하시며, 마음이 정직한 자에게 주의 의를 베푸소서"(시 36:7 이하)라고 말씀하셨기 때문이다. 그분은 자신의 사랑을 알기 때문이 아니라, 그들이 알도록 펼치시며, 그들이 마음이 정직한 까닭이 아니라, 그들의 마음을 정직해지도록 하므로, 경건치 못한 자들을 의롭게 하는 곳에서 의를 펼치신다.

이러한 생각은 자신을 신뢰함에서 그리고 자신을 그 자기 삶의 원천으로 삼는 잘못한 교만으로의 길을 잃어버리지 않게 한다. 그 길을 간다는 것은 참 생명인 의를 주는 생명의 원천으로부터의 뒷걸음질이다. 복음서는 말한다. 그는 "참 빛 세상에 와서 각 사람에게 비치는 빛이었다"(요 1:16, 9). 그러나 만일 그(죄인)이 변화도 없고 회전하는 그림자도 없는 곳, 생명은 아무것도 필요하지 않은 곳으로부터, 그 생수와 빛을 받지 않는다면, 그는 결코 의의 행위를 할 수 없다(약 1:17).[53]

---

[53] St. Augustinus, 『아우구스티누스의 후기 저서들』, 277.

제4장

회심 후 어거스틴의 카리타스

1. 하나님께로 향하는 사랑

어거스틴(Augustine)의 회심 체험은 그의 영혼에 있어서 하나님에 대한 인식의 변화를 가져온 사건이었다.[1]

암브로시우스의 설교를 통한 지적 회심 체험으로 그는 '존재 자체이신 하나님과 선하신 하나님' 인식하게 되었고, '악의 본질'에 대한 진리를 얻게 되었다. 그 이후 신앙과 이성이 결합한 사유의 틀을 정립하여 '하나님에 대한 진리'의 추구에 몰입하게 되었다.[2]

지성적 회심 체험 이후에 어머니 모니카(Monica)와의 영적 대화와 일련의 다른 만남에 의하여 하나님에 대한 초자연적 사랑에 빠지는 신비 체험으로 그토록 그를 붙잡고 있던 내적인 병, 악의 노예 된 사랑에서 벗어나게 되었다.[3]

---

[1] Bernard, McGinn, *The Presence of God: A History of Western Christian Mysticism*: Vol. I. The Foundations of Mysticism (New York: Crossroad, 1991), 231.

[2] *De trin.*, III, 2, 8.

[3] *Conf.*, VIII, 8, 12.

어거스틴은 『고백록』에서 다음과 같이 말한다.

우리의 육체적 감각의 쾌락은 그것이 아무리 좋고 또한 지상의 빛에 의하여 그 윤택한 빛깔이 드러난다고 할지라도 말로는 표현할 수 없는 행복한 성자들의 생애와는 비교할 수 없다는 것이었습니다.

우리는 마음속에서 이처럼 열정적으로 타오르는 사랑으로 인하여 '항상 같으신 분'(불변자)을 향하여 오를 때 점차적으로 여러 계층의 사물들을 통과하여 해와 달과 별들이 지상으로 빛을 보내는 저 하늘에까지 오르게 되었습니다.

그리고 우리는 당신이 만드신 모든 것을 명상하고, 말하고, 감탄하면서 오르다가 우리의 마음에까지 왔었고, 나중에는 그것마저 초월하여 더 올라가 당신이 진리의 음식으로 항상 이스라엘을 먹이시는 곳, 다함이 없이 넘치는 그 풍성한 영역에 다다르고자 했습니다.

그 곳에서는 생명이 곧 지혜입니다. 그 지혜에 의하여 모든 것, 즉 과거에 있었던 것이나 미래에 있을 모든 것이 다 창조됩니다. 그러나 그 지혜 자체는 창조된 것이 아니요, 과거에 있었던 그대로 그리고 미래에 있을 그대로 현재에도 존재하고 있습니다.

왜냐하면, 그 지혜에는 '있었다'(과거)와 '있을 것이다' 미래가 없고 '있음'(현재)만이 있기 때문입니다. 그러기에 지혜는 영원한 존재요, '있었다'와 '있을 것이다'의 존재는 영원한 것이 아닙니다.

우리가 이처럼 말하고 그 지혜를 목말라 하며 전심전력을 집중하는 순간적으로 그 지혜와 약간 접촉을 하게 되었습니다. 그리고는 긴 한숨을 쉬면서 '영의 첫 열매'(롬 8:23)를 그곳에 남겨둔 채 우리는 시작이 있고 끝이 있는 인간의 말(대화)로 되돌아왔습니다.

우리 주님, 그러나 인간의 말은 당신의 말씀에 전혀 비교할 수가 없습니다. 당신의 말씀은 항상 자체 안에 머물러 있어 낡아짐이 없이 모든 것을 새롭게 하십니다.[4]

그의 영혼에 대한 관심은 단순한 자아의 발견으로 끝나지 않았다. 어거스틴은 이제 어떤 내적 즐거움으로 인하여 기뻐하게 되었다. 비록, 순간적인 경험이지만 우리의 마음의 눈으로 변하지 않는 어떤 것을 직시하게 되었다. 신비 체험으로 이제 불변하는 어떤 것을 체험하고 있었다.[5]

신비 체험에 대해 맥긴(Bernard McGinn)은 세 가지의 특징을 제시한다.

첫째, 어거스틴에게 신비 체험이란 영혼이 상승하여 하나님의 현존을 관상적으로 경험한다는 것이다. 영혼의 상승은 하나님께서 그들 안에서 활동하신 결과이기 때문에 경험하는 시간이 짧고 그들의 영혼은 충격을 받는다고 한다. 특히 어거스틴의 하나님을 향한 뜨거운 사랑이 그들을 들어 올렸듯이 신비 체험에서는 사랑의 역할이 매우 중요함을 알게 되었다.

---

4 *Conf.*, IX, 10, 24.
5 양명수 외, 『오늘의 어거스틴』(서울: 대한기독교서회, 1997), 123. 일반적으로 그것은 세 단계로 정리 되는데, 본성의 존재론적 위계 구조를 따라 이해되었다.
첫째, 물질적인 단계로 시공간적으로 변화에 종속된다.
둘째, 영혼의 내면적, 비물질적 단계로서 시간적으로 변화하지만 공간적으로는 그렇지 않다.
셋째, 신의 본성으로서 절대적으로 불변하는 영원한 존재에 이르는 것이다.
이러한 전체적 구조 속에서 영혼은 위로 하나님을 향해 움직이든지, 아니면, 아래로 물질세계를 향해 움직이는데, 그 움직임은 사랑으로 동기 지워진다는 점이 Augustine의 독특성이다.

둘째, 어거스틴은 신비 체험이 가능한 근거를 삼위일체 하나님의 형상인 인간의 본성 안에 둔다는 것이다.
셋째, 인간은 하나님과의 접촉을 지속적으로 할 수 없다는 것이다.[6]

> 이 모든 것들에는 내 영혼이 안주할 수 있는 장소가 없습니다. 오직 당신 안에만 내 영혼이 쉴 수 있는 장소가 있습니다. 그러므로 당신 안에서 흩어진 내 자신을 하나 되게 거두어 모아 주시고 나의 어떤 지체도 당신을 떠나지 말게 하소서. 때로는 당신이 내 안에 역사하여서, 나로 하여금 평상시와 다른 경험, 즉 말로 다할 수 없는 단맛을 맛보게 하십니다. 그러한 경험이 나에게서 계속(완성)된다면, 그것이 이 세상에서 경험할 수 있는 것이 아닐 것입니다.[7]

어거스틴이 말하는 이 내적 체험, "말로 다 할 수 없는 단맛"을 그의 신비 체험으로 우리가 이해해도 무난할까?

이에 대해서는 학자 간에 여러 가지 의견이 있었다. 그러나 하나 지적하고 싶은 것은, 어거스틴의 신비 체험이 비록 그가 플로티누스의 영향을 많이 받았을지라도 범신론적인 신비주의와는 아주 다르다는 점이다.[8]

플로티누스의 신비주의는 그 출발점을 어디까지나 일자와 인간 영혼과의 연합과 일치를 주장하는 혼의 유출설에 근거를 두고 있다. 그러므로 그의 신비주의는 인간의 혼이 본래 유출해 나온 일자와는 근본 합일을 주창한 몰입의 신비주의(union mysticism)라 볼 수 있다.

---

[6] Bernard, McGinn, *The Presence of God: A History of Western Christian Mysticism: Vol. I. The Foundations of Mysticism* (New York: Crossroad, 1991), 231-40.
[7] *Conf.*, X, 40, 65.
[8] 선한용, 『사랑과 영원』, 123.

그러나 어거스틴의 저서에서는 그러한 몰입의 신비 체험과 같은 기록은 찾아볼 수 없다. 그가 말한 "이리하여 깜빡할 순간에 '존재 자체'(quod est)에 도달하게 되었습니다"[9]라는 표현이나 '말로 다 할 수 없는 단맛'이라는 기록 등을 플로티누스의 입장에서 이해해서는 안 될 것이다. 어거스틴은 하나님 주권사상에 철저히 몰입되어 있었다.

> 누가 이 사망의 몸에서 구해줄 수 있습니까?(롬 7:24)
> 예수 그리스도 말미암은 당신의 은혜 밖에는 없습니다. 그 예수 그리스도는 당신께서 당신과 같은 영원한 존재자를 낳으시고 또한 당신의 (구원의) 길이 되기 시작(태초)이 되게 하셨습니다(잠 8:22; 골 1:1).
> 이 세상의 임금은 그에게서 아무런 죽을 죄를 찾지 못했습니다. 그러나 그(빌라도)가 예수님을 죽임으로 말미암아 우리의 죄의 기록이 깨끗이 씻음을 받았습니다(골 2:14). 그런데 저 플라톤주의자들의 책에는 이런 것이 언급되어 있지 않았습니다.[10]

어거스틴의 신비 체험은 하나님과 인간 간의 차이를 흐리게 하거나 없애는 것이 아니라, 오히려 창조주와 피조물 사이의 차이를 더욱 강조하는 입장이라고 볼 수 있다. 그래서 학자들은 그의 신비주의의 체험을 가리켜 '교제의 신비주의'(mysticism of communion)라 말하기도 한다. 왜냐하면, 어거스틴의 신학적인 동기는 피조물(인간)이 창조주에게 절대적으로 의존된 관계라는 것을 말하려는 것이기 때문이다.[11]

---

[9] Conf., VII, 17, 23.
[10] Conf., VII, 21, 27.
[11] Conf., IX, 10, 24.

당신이 선물로 주시는 그 성령 안에서만 우리가 안식할 수 있고 그 안에서만 당신을 즐길 수 있기 때문일 것입니다. 당신의 선물이 우리의 안식이요, 우리의 안식은 우리가 본래 있어야 할 '자리'입니다.

바로 그 자리로 사랑은 우리를 들어올립니다. 그 자리로 당신의 좋으신 영은 낮은 상태에 있는 우리를 죽음의 문에서(시 9:13) 이끌어 올리십니다. 우리의 평안은 당신의 좋으신 뜻에 있습니다.[12]

아리스토텔레스에 의하면 모든 사물은 자기의 독특한 본래의 자리를 향해 움직여 나간다고 한다. 이것을 다른 말로 표현하면 모든 사물은 가능태에서 현실태로 움직여 나아가는 운동을 한다는 것이다.

이와 같은 아리스토텔레스의 사상과 어거스틴의 사랑의 개념 사이에는 어떤 유사점이 있음을 발견한다. 어거스틴에 의하면 물질적인 세계에서 어떤 인력과 같은 힘이 작용하고 있는 것과 같이, 정신적인 세계에서는 사랑의 힘이 작용하고 있다는 것이다.

이것을 다른 말로는 의지라고 표현할 수도 있겠다. 사랑에 의한 의지의 움직임을 어거스틴은 카리타스, 사랑이라고 하였다. 그래서 서양 사상에서는 어거스틴을 의지론(voluntarism)의 창시자라고도 말한다.[13]

그에 의하면 무게가 물체를 움직이는 것과 같이 사랑은 인간의 혼을 움직이고 있다. 인간의 혼은 그것이 가지고 있는 독특한 무게로 인해 끊임없이 자기의 본연의 자리 즉, 안정, 안식, 행복을 찾아서 움직인다는 것이다. 그래서 어거스틴은 사랑에 대하여 저 유명한 말을 하게 되었다.

"나의 사랑이란 나의 무게입니다."[14]

---

12 *Conf.*, XIII, 9, 10.
13 Hannah. Arendt, *The Life of the Mind* (New York : Harcourt Brace Jovanovich, 1978), 84.
14 *Conf.*, XIII, IX, 10.

이러한 무게로 인하여 인간은 위로 혹은 밑으로 끊임없이 움직인다. 이것을 더 자세히 설명하기 위하여 어거스틴은 다음과 같이 말하고 있다.

> 물체는 자체의 무게로 인해 제자리를 향해서 움직입니다. 무게란 반드시 밑으로만 내려가는 것이 아니라, 제자리를 향해서 움직이는 것입니다.
> 예를 들면, 돌은 밑으로, 불은 위로 제각각의 자기의 무게로 인하여 제자리를 찾아 운동합니다. 물속에 부은 기름은 물 위로 떠오르고, 기름 위에 부은 물은 기름 밑으로 가라앉습니다.
> 이처럼 모든 것은 제 무게로 인해 제자리를 찾아 움직입니다. 그것들이 제자리를 벗어나면 불안정해지고, 제자리에 다시 돌아가면 안식하게 됩니다.[15]

그렇다면 그가 찾아 헤매는 그의 본연의 자리, 어거스틴에 의하면 인간의 본연의 자리란 그가 행복하기 위해 끊임없이 추구하는 대상 곧 그의 선(bonum)이다. 그가 말하는 선이란 우리가 흔히 말하는 인간의 도덕적인 선을 말하는 것이 아니라, 인간이 자기 발견을 위한 사랑을 추구하는 것이 목적이다.[16]

모든 인간은 사랑을 갈망한다. 그런데 그의 사랑은 참된 선을 소유할 때 비로소 이루어진다. 다시 말해, 선이란 인간 욕구의 대상이요, 사랑은 그 목적을 소유할 때 경험한 영혼의 상태라고 할 수 있다.

이렇듯 인간이 자기의 선을 추구하는 것은 보편적인 현상으로서 바로 이 욕구와 추구가 인간의 사랑(amor)이라 볼 수 있다. 그러므로 사랑이란 행

---

[15] *Conf.*, XIII, IX, 10.
[16] 선한용, 『시간과 영원』, 28.

복으로의 추구 혹은 선을 추구하는 혼의 운동이라고 볼 수 있다. 그러나 여기에서 하나 알고 넘어가야 할 사실은 인간이 끊임없이 자기의 행복을 추구한다는 것은, 그가 아직 그 행복을 소유하지 못했음을 의미한다는 것이다.

이 점에서 사랑은 인간이 아직 소유하지 못하고 있는 것을 앙망하고 소유하려는 욕구라고 볼 수 있다. 어거스틴은 사랑을 획득적 사랑 혹은 소유욕(appetitus)이라고 정의하기도 하였다.[17]

이러한 그의 주장은 플라톤의 사랑의 개념과 거의 유사하다. 플라톤은 인간이 아직 소유하고 있지 않은 무엇을 욕구하고 바라는 것을 사랑(eros)이라고 말하였다.[18] 그에 의하면 인간은 자기에게 없거나 자기가 소유하고 있지 않은 것을 사랑한다고 한다. 어거스틴에 있어서도 플라톤적인 개념은 나타나 있다. 인간은 존재론적으로 의존된 존재요 시간적인 존재이기 때문에 스스로 자족할 수 있는 존재가 아니다.

따라서, 인간은 자기의 선과 행복을 자기 자신들에게서는 발견할 수 없고 자신들의 밖에서 찾아야만 한다. 이것은 피조물로서의 인간의 존재론적 구조와 그 제한성을 잘 지적해주고 있다.[19]

그러나 인간이 어떤 것을 사랑한다는 그 자체는 나쁜 것이 아니다. 하나님께서 사랑하도록 창조하셨으니 어떤 면에서는 좋은 것이라고 볼 수도 있다. 그것은 인간 존재의 자연스러운 본성이다. 어거스틴은 인간이 무엇을 사랑하느냐라는 사랑의 대상에 따라서, 그 사랑의 질이 결정된다고 말한다.

---

[17] A. Nygren, *Agape and Eros: the Christian Idea of Love*, 『아가페와 에로스』, 고구경 역 (서울: 크리스천다이제스트, 1998), 478.

[18] 플라톤(Platon)은 "누구를 사랑한다 함은 그 사람 속에 있는 미(美)와 선(善)의 진수를 알아보는 것이라고 한다.

[19] *De civ. Dei.*, XII, 26.

그래서 어거스틴은 "너의 사랑이 어떤 종류의 사랑인지 알고 싶어 하느냐? 그러면, 그 사랑이 어떤 방향으로 가는지만 보아라"[20] 이렇게 말한 것이다.

이처럼 사랑은 어느 대상을 향해 끊임없이 운동하는데, 그 사랑이 좋고 나쁨은 그 사랑이 향한 대상에 달린 것이다.

> 우리의 사랑은 당신의 선물인 성령으로 인하여 불붙어 위로 오르게 됩니다. 우리의 마음은 그 불에 계속 타며 계속 오르게 됩니다. 우리는 우리의 마음에서 당신에게 향해 오르는 단계의 길을 오르면서 '상승의 즐거운 노래'를 부릅니다(시 120-134편). 우리의 마음이 당신의 불, "당신의 불"이란 성령을 상징합니다.
>
> 그 좋은 불에 타며 앞으로 나아감은 우리가 하늘의 '예루살렘의 평안'(시 122:6)을 향해서 위로 오르기 때문입니다. 그래서 사람들이 나에게 '주님의 집으로 가자'라고 말을 할 때 나는 기뻐했습니다(시 122:1).
>
> 당신의 좋으신 뜻은 우리를 있어야 할 제 자리에 거하게 할 것이기에 우리는 당신의 집에 영원히 거할 것 외에 더 바라지 않습니다(시 23:6).

하나님이 태초에 천지를 창조하신 과정은 먼저 무형의 질료(무엇이 될 수 있는 가능태)를 절대 무로부터 창조하시고, 그 후에 무형의 질료를 말씀을 통하여 자기에게로 불러 일정한 형상을 부여하신 것이었다. 이리하여 무형의 물질은 일정한 형상을 받아 형성되어 우리가 보는 이 세계가 된 것이다. 이렇게 말씀을 통해 세계를 형성하신 하나님은 또다시 그 말씀의 성육신(그리스도

---

[20] *Conf.*, XIII, 9, 10.

의 오심)을 통해 시간 안에서 분산되고 불안정한 인간을 부르신 것이다.[21]

태초에 존재의 형상을 부여해주시는 부르심은 하나님의 창조적 행위(creative or constitutive act)이며, 시간과 역사 안에서 흩어지고 불안정한 피조물을 또다시 부르시어 영원으로 돌아오도록 하시는 행위는, 하나님의 구속 행위(redemptive act) 혹은 하나님의 재창조 행위이다.

이러한 하나님의 창조와 구속의 행위는 그에게 어떤 필요가 있어서 하시는 것이 아니라, 사랑의 동기에서 그리하신 것이다. 그러므로 하나님의 창조와 구속의 행위(역사)는 마르시온(Marcion)[22]이 주장한 것처럼 각각 다른 두 신의 역사가 아니라, 한 분이신 하나님의 사랑의 두 표현 즉, 양면이다. 본래 우리를 만드신 분이 우리를 다시 만드시고, 우리를 창조하신 분이 우리를 재창조하신 것이다.

이렇듯 말씀의 성육을 통한 하나님의 구속 행위를 이해하기 위해서는 창조와 구속 사이에 어떤 사건을 전제하지 않으면 안 된다. 그 전제된 것이 바로 인간의 타락이다. 어거스틴에 의하면 피조물인 인간은 타락할 수 있는

---

[21] *Conf.*, VII, 18, 24.
[22] 마르시온(Marcion of Sinope, Greek: Μαρχίων, 약 85-160)은 초기 기독교의 신학자로서 스스로 사도 바울의 후계자로 여겼다. 그는 구약성경의 하나님(God, 신)은 신약성경의 하나님과 다르다고 주장하였다. 그는 구약성경의 하나님은 폭력과 보복의 신이지만, 예수 그리스도가 말하는 하나님은 사랑과 정의의 신이라고 주장하였다.
이에 따라 마르시온은 신약성경을 구약성경과 분리할 것을 역설하였다. 또한, 성만찬을 집전하면서 떡병과 포도주를 떡병과 물로 대체할 정도로 그리스도의 인성을 인정하지 않았는데, 이러한 그의 그리스도론은 그 가현설(도케티즘, docetism)로 발전한다.
복음서 중에서 구약의 하나님과 관련된 부분들을 삭제하였으며, 신학적으로 영지주의로부터 부분적으로 영향을 받은 것으로 이야기되고 있다. 마르시온은 그의 냉철한 비판 자세 때문에 교회로부터 이단으로 간주되어 후에 마르시온의 신학을 따르는 교회가 확산됨에 따라 많은 교부들로부터 비판을 받았으며, 정통파 기독교 교회는 마르시온주의에 대항하여 예수 그리스도의 하나님은 구약성경의 하나님인 야훼와 동일한 신이라는 데 일치를 이루었다. 참조: 후스토 L. 곤잘레스, 『기독교사상사』(*Christian Thought Revisited*), 김종희 역 (서울: CLC, 2004), 107-108.

(fallible) 가능성을 가진 존재이다. 왜냐하면, 인간은 무로부터 창조함을 받았으므로 항상 무로 귀환하려는 경향성을 가지고 있기 때문이다.

이 말은 하나님이 인간을 자신과 똑같은 완전한 존재로 창조하시지 않고 무의 심연에 대면해 있는 존재로 창조하셨다는 의미이다. 이와 같은 타락의 가능성(경향성)을 인간 존재의 양상인 시간에 적용해 보아도 마찬가지이다.

창조된 대로의 시간은 타락할 수 있는 경향성을 가진 시간(fallible time), 즉 항상 무로 돌아가려는 경향성을 가진 시간이다. 그러나 실제로 우리가 체험하고 있는 역사적인 시간이란 영혼의 팽창으로서의 시간, 흩어진 시간, 쪼개 떨어진 시간, 타락한 시간(fallen time)이다.

그것은 단순히 지나가는 시간이라기보다는 비존재로 질주하고 있는 시간, 영원한 존재자에게서 떨어져서 비존재로 향해 있는 인간 존재의 양상이기도 하다. 어거스틴에게는 세계 창조나 인간 창조는 본래 좋았다. 그리고 인간의 타락은 초역사적인 것이 아니고 이 세계에서의 역사적인 타락이다.[23]

그러면 그 역사적인 타락의 내용은 무엇인가?

그것은 인간이 창조자이신 영원 자에게 향하지도 않고 의존하지도 않는 것, 스스로 존재한 것처럼 시간 속에서만 사는 것이다. 그때 인간은 하나님을 떠나서 깊은 '타락의 심연'(*abyssus coruptionis*), '죽음의 밑바닥'(*pro-funditas mortis*), 그리고 '삶의 분열'(*dissiliatio*)에 빠지게 되는 것이다. 다른 말로 표현하면 타락할 수 있는 시간은 이제 타락한 시간으로 전락하였다는 것이다.[24] 그것의 특성이 바로 팽창(*distentio*), 흩어짐(*dissiliatio*), 또는 분산(*multiplicatio*)이다.

그러나 이러한 실존 상황은 창조함을 받은 대로의 본디 것이 아니다.

그러면 이 타락의 동기는 무엇일까?

---

23 선한용, 『사랑과 영원』, 91.
24 *De lib. arb.*, I, 16, 35.

그에 의하면 타락은 인간이 영원한 하나님을 저버리고 자기 자신을 지나치게 추켜올리는 교만(*superbia*)에 근거하고 있다.[25]

이 교만으로 인해서 인간은 자기가 마땅히 사랑해야 할 분을 사랑하지 않고, 자신과 세계를 지나치게 사랑하게 되는 것이다.

이와 같은 인간의 타락의 주요한 몇 가지를 든다.

첫째, 무지(*ignorantia*), 즉 모든 오류가 그것으로부터 흘러나오는 마음의 어둠이요.[26]

둘째, 선을 택할 능력을 상실한 악한 의지(*voluntas mala*)이다.

그러므로 타락한 인간이 하나님의 조명 없이 진리에 도달할 수 있다든가 혹은 하나님의 도움 없이는 참다운 선을 택할 수 있다는 것은 불가능하다는 것이다.[27]

인간은 이제 하나님께로 올라갈 수 있는 상승의 능력을 잃어버리고 다만 밑으로 떨어지는 하강으로의 자유와 능력만을 행사할 필연에 사로잡히게 된다. 따라서, 인간은 자기 자신을 개선하지 못하고 자신을 더 나쁘게 만들 뿐이다.[28]

이 표현을 바꾸어 말한다면 타락한 인간은 흩어지고 분산된 시간 속에서 스스로 자신을 통일시켜 영원과 접할 수 없다는 것이다.

그러면 시간 속에서 흩어진 인간이 한데 모아져서 위로 올라가 영원과 맺어질 수 있는 길은 없을까?

---

[25] *De civ. Dei.*, XIV, 13.
[26] *De lib. arb.*, III, 18, 52.
[27] *De civ. Dei.*, XIV, 15.
[28] *De lib. arb.*, III, 18, 52.

나는 모든 피조물의 운동 속에서 과거와 미래를 경험한다. 영원한 진리에서는 과거와 미래가 없고 다만 현재만이 있다. 그러나 피조물에서는 그러한 불변성을 찾아볼 수 없다. 사물의 변화를 깊이 생각해 보아라. 그러면 거기에서 "있었다"와 "있을 것이다"를 발견할 것이다.

하나님을 명상해 보아라. 그러면 거기에서는 과거와 미래가 없고 "있음"만 있는 현재를 경험할 것이다. 그 현재를 경험하기를 원하면 너 자신이 시간의 한계를 초월하여라.

그러나 어떻게 시간의 제한을 받고있는 인간이 자기 자신의 능력의 범위를 초월할 수 있단 말인가?

바라기는 "나 있는 곳에 그들도 있게 되기를 원한다"라고 아버지께 기도한 그분(그리스도)이 우리를 그곳으로 올리워 주기를 바랄 뿐이다.[29]

하나님은 영원한 존재자이지만 자신 안에만 남아 계셔서 인간을 소외된 상태에 놓아두지 않고 인간과 같이 있기를 원하셨다. 그는 영원자이지만, 자기를 낮추고 그리스도 안에서 인간이 되시어 모든 인간을 자기에게로 이끌려고 하신 것이다. 이와 같이 하나님이 자신을 낮추어 시간 속에 오심은 자신이 사랑과 은혜를 역사적으로 예증한 것이라고 볼 수 있다.

하나님의 독생자가 그 자신 영원 자이시지만 인간의 몸을 입고 오셔서 우리에게 그의 사랑을 받을 수 있기 소망을 주셨다.

이 사건보다 더 인자하게 하나님의 은혜가 드러난 곳이 어디 있는가?

그의 인간성의 매개로 인하여 우리는 인간의 계약을 초월하여 영생하시

---

[29] 요 17:20-26. "I have made you knowm to them, and I will continue to make you known in order that love you have for me may be in them and that myself may be in them."

고, 불변하시며, 의로우시고, 복되신 그분에게 올라갈 수가 있다.[30]

어거스틴에 의하면 말씀이 시간 속에 들어와 성육하신 근거는 하나님의 사랑과 은총에 의한 것이고, 그 성육의 필연성은 인간 타락의 조건에 기인한다. 이 성육의 필연성을 우리는 두 가지 측면에서 생각해 볼 수 있다.

첫째, 인간이 구속받기 위해서는 타락을 일으킨 교만이 전도되어야 한다는 것이다. 그러나 인간의 교만은 스스로 겸손해질 수 없으므로, 다만 하나님의 겸손 즉, 아들 되신 말씀의 성육을 통해서 그 교만이 전도된다는 것이다.

둘째, 인간이 타락으로 인하여 시간의 세계로 전락하여 시간에 적응되고 고착되었기 때문에 어떤 시간적인 것을 통해서만이 겸손해 배우고 그의 마음이 정화함을 받아 영원 자에게 나아간다고 한다.

그러므로 어거스틴에 의하면 영원 자가 시간 속으로 들어와서 시간적인 사건이 된 성육신 사건이야말로 인간 구원에 절대적으로 필요하다. 말씀이 육신이 되신 예수 그리스도는 "교만한 자를 낮추고 사랑을 북돋아"[31] 순종한 자들을 자신께로 끌어올리심으로써, 하나님과 인간, 영원과 시간, 일자(一者)와 많은 것으로 쪼개 '떨어진 혼'(one and many)을 중개하는 중보자가 되시고 길이 되신 것이다.[32]

이 점에서 어거스틴은 플라톤주의에 가까우면서도 그것과는 먼 거리에 있다고 볼 수 있다. 그가 하나님과 세계, 영원과 시간, 하나와 많음 사이

---

30 *De civ. Dei.*, X, 29.
31 *Conf.*, VII, 18, 24. 그리스도만이 유일한 구원의 길이 되심.
32 *Conf.*, XI, 29, 39.

에 어떤 중개 역할을 하는 원리로써 로고스(*Logos*)를 논하고 있다는 점에서는 플라톤주의자들과 의견을 같이하고 있지만, 그 중재의 내용에서는 서로 큰 차이를 보인다.

플라톤주의자들이 주장한 로고스는 태양과 그 빛의 관계처럼 어떤 필연성에 의해서 세계와 연결되어 있다. 로고스는 성경이 말하는 것과 같이 그를 통하여 만물을 무로부터 창조했고, 또한 그 로고스가 육신이 되셔서 우리 가운데 거하셨다는 역사화 된 로고스와는 전혀 다른 것이다. 플라톤주의자들의 로고스 개념은 너무 추상적이어서 인간의 역사적인 현황과 직접 연관을 갖지 못한다.

따라서, 플라톤주의자들은 그리스도교에서 주장한 바와 같이 역사 안에 오셔서 그 안에 존재하신 성육의 로고스를 도저히 이해할 수 없게 된다.[33]

어거스틴은 말씀이 육신이 되어 우리 가운데 거하셨다는 성경의 증거를 플라톤주의자들의 책에서 전혀 읽어보지 못했다고 고백하고 있다. 그는 "말씀이 육신이 되셨다"라는 것을 증거 하는 성경과 플라톤주의자들의 책을 비교하면서 다음과 같이 지적한다.

> 진실로 숲이 우거진 산봉우리에서 평화의 나라를 바라다보면서도 그리로 가는 길을 찾지 못하는 것과 황제가 이끄는 만군의 보호 아래 그곳으로 가는 길을 따라가는 것은 전혀 다릅니다.[34]

---

[33] *Conf.*, VII, 21, 27.
[34] *Conf.*, VII, 21, 27.

또한, 그는 플라톤주의자들을 가리켜서 "어디로 가야 할지는 알되 그 길을 모르는 자들"이라고 말한다.³⁵

이에 비해서 그리스도의 성육신 시간 속으로 들어오신 하나님의 겸손으로서 시간에 매여 사는 교만한 인간들을 자기에게로 불러 이끄시는 길이라고 어거스틴은 주장한다. 따라서, 인간이 시간에서 영원으로 상승하기 위해서는 영원 자가 먼저 시간적인 존재가 되셨다는 이 성육신의 역설을 겸손하게 받아들이고 굳게 붙들어야 한다는 것이다. 그러나 그는 이 성육신의 신비를 받아들인다는 것이 얼마나 어렵다는 것을 고백하고 있다.

이렇듯 역사적(사랑의 역사)인 성육의 사건을 굳게 그리고 겸손하게 받아들이는 것을 어거스틴은 믿음(*fides*)이라고 했다. 믿음이란 그리스도의 성육의 역사적(시간적)인 사건을 받아들이는 것이요, 인간은 그 믿음을 통해 겸손해지고 고침 받게 되는 것이다.

그러나 믿음은 어디까지나 잠정적인 것이다. 우리가 믿음의 단계를 벗어나 "얼굴과 얼굴을 대해서 볼 수 있기 될 때" 믿음은 진리의 관상으로, 시간은 영원으로 대치하게 된다.³⁶ 그러므로 어거스틴의 믿음은 어디까지나 시간적인 것과 관계되어 있고, 예지가 이데아(영원)의 세계와 관계된 것과 흡사하다.

그러나 차이점은 플라톤에게서의 억견이 지식의 낮은 단계에 속한 것으로서 불완전하고 가변적이며 사람을 얽매게 하는 것이지만, 어거스틴의 믿음은 시간적인 것과 관계되어 있지만, 인간 구원에 있어서 절대적으로 필요한 것이라는 점이다. 왜냐하면, 그리스도의 성육에 대한 역사적인 믿음이 인간을 겸손하게 하고 정화해 영원을 관상하도록 준비시켜 주기 때문이다.³⁷

---

35 *Conf.*, VII, 20, 26.
36 *De trin.*, IV, 18, 24. 하나님이 아들이 성육신 하신 목적은 우리가 믿음으로 깨끗이 되며 들려 올림을 받아 변함없는 진리에 도달하게 하시려는 것이다.
37 *De trin.*, IV, 19, 26.

어거스틴의 쿠피디타스는 단순한 욕망이 아니라 충족을 추구할 수 없는 곳에서 충족을 찾고자 하는 사랑의 절박한 추구였다.³⁸ 어거스틴은 하나님을 모호한 느낌에서가 아니라, 확실한 의식을 가지고 하나님에게로 사랑의 방향을 전향하게 되었다.³⁹ 하나님께로 향하는 마음을 다음과 같이 고백한다.

또한, 내가 지난날의 헷갈린 생활에서 거두어져(통합되어) 뒤에 있는 것을 잊어버리고(빌 3:13) 오직 한 분이신 당신을 따르게 하기 위함입니다. 나는 이제 헷갈린 마음으로가 아니라 마음을 하나로 집중하여 하늘의 부르는 상을 얻기 위해 쫓아갑니다. 거기에서 나는 당신을 찬양하는 소리를 들을 것이요. 오지도 않고 가지도 않는 당신의 즐거움을 관상할 것이옵니다.⁴⁰

2. 하나님과 연합된 사랑

어거스틴의 『삼위일체론』은 그가 히포(Hippo)의 감독으로 취임한 직후(396년)부터 시작하여 그의 나이 71세에 이를 때까지(425년) 장기간에 걸쳐 저술되었고, 그의 신학과 하나님과의 사랑이 발전해가는 과정이 드러나 있는 작품이다.⁴¹ 어거스틴의 『고백록』이 자서전적, 고백적 성향이 짙은 작품이라면, 『삼위일체론』은 하나님과 관계적 사랑을 주제를 다룬 저술이라고 본다.

---

[38] W. S. Babcock. "Cupditas and Caritas," in *The Enthics of St. Augustine* (Atanta: Scholars Press,1991), 59.
[39] *Conf.*, X, 6, 8.
[40] *Conf.*, XI, 29, 39.
[41] Edmund Hill, *The Mystery of the Trinity* (London: Geoffrey Chapman, 1985), 76.

어거스틴은 『삼위일체론』에서 삼위일체이신 하나님을 지적으로 추구하는 동시에 사랑이신 하나님을 갈망하고 있다고 본다. 그러므로 『삼위일체론』은 한 영혼이 하나님을 찾아가는 사랑의 관계적 고백서(告白書)라고 본다.[42] 그는 인간에게 남겨주신 하나님의 흔적 즉, 하나님 이미지를 통하여 삼위일체의 사랑을 자신의 삶에 적용하였다.

젊은 날 방탕했던 어거스틴이, 자신의 삶 속에서 하나님에게 향한 지향성(intentio)의 결과를 그 신학 속에서 엿볼 수 있다. 어거스틴은 삼위일체의 사랑을 통하여 자신의 사랑을 신학적으로 완성하려고 고심한 모습도 보인다.[43]

어거스틴은 『삼위일체론』을 통하여 하나님과의 연합된 사랑을 말한다. 인간 내면 즉, 마음이 하나님과 어떻게 교제의 사랑을 할 수 있는가를 제시한다. 아직 의롭지 못한 인간이 어떻게 그 사랑을 알 수 있고 하나님과의 교제의 사랑을 할 수 있는가를 삼위일체론으로 증거하였다.

어거스틴의 주장에 의하면 하나님을 알지 못하는 자들에게 먼저 우리에게 겸손과 모범을 보이며, 우리에게 그의 사랑을 보이기 위해서 하나님이 사람이 되셨다고 믿을 때 우리는 이 개념에 따라서, 생각하게 된다고 어거스틴은 믿음을 사랑의 관계에 전제로 두고 있다.[44]

또한, 어거스틴은 신을 믿기 위해서는 신을 먼저 알아야 한다고 한다. 신을 어떻게 알 수 있을까?

어거스틴의 신 이해는 지(notitia)가 사랑(amor)을 선행한다. 사랑하기 위해서는 지(知)가 먼저 있어야 한다고 말한다.

어거스틴은 끊임없는 내적인 통찰을 통해 "과연 알지 못하는 것을 사랑할 수 있는가?"

---

[42] Edmund Hill, *The Mystery of the Trinity* (London: Geoffrey Chapman, 1985), 80 ; 76-7.
[43] *De trin.*, II, 3, 6.
[44] *De trin.*, I, 8, 17.

그렇다 신을 알기 전에는 누구도 신을 사랑할 수 없다.[45]

그러나 지(知)는 어떻게 가능한가?

신에 대한 앎은 스스로 얻어지는 것이 아니라 믿음을 통하여 주어진다. 결국, 지성은 신앙의 보상이다.[46]

하나님은 자기를 믿는 것이 인간의 마지막 목적이라고 말하지 않는다. 영원한 생명은 오직 한 분의 참된 하나님이신 아버지를 알고 또한, 파견하신 예수 그리스도를 아는 것이기 때문이라고 말하면서 신앙은 목적이 아니고 그것은 단지 지상에서는 희미하게 묘사되어 있으나 영원한 생명 속에서는 완전하게 전개될 인식의 보증일 뿐이다.[47]

어거스틴은 믿음이 지식보다 우선함(primacy)을 확정한다.[48] 어거스틴은 사람은 하나님의 이미지에 따라(ad imaginem) 창조되었기 때문에, 신적인 닮음은 인간 존재 위에 불멸의 특징으로 새겨져 있다고 본다.[49]

이런 신의 이미지(형상)는 죄에 의해서 내적 인간 안에서 훼손되었고, 또 은총에 의해 다시 형성되어야 한다. 그러나 훼손될 뿐 상실될 수는 없다는 것이다. 아담의 죄로 인해 시간과 공간의 한계성을 갖고 태어난 인간이 죽음과 유기(자기 자리)에서 벗어나려는 몸부림은 죄의 노예로 전락할 뿐이다.[50]

어거스틴은 이러한 문제를 해결하기 위해서는 인간의 영혼이 하나님을 향해(ad Deum) 있어야 하고 그와 연합하여야 한다.[51] 이 점에서 하나님은 존재

---

[45] St. Augustine, *The Trinity*, *The Fathers of the* Church, trans. Stephen McKenna vol. 45, (Washington D. C. : The Catholic University of America Press, 1963), 250.
[46] *De trin.*, XV, 2, 2.
[47] *De lib arb.*, II, 2, 6.
[48] *De trin.*, VIII, 4, 6.
[49] *De trin.*, XIV, 8, 11.
[50] *Conf.*, VIII, 5, 10.
[51] *De trin..* XIV, 8, 11.

의 근원만 되시는 것이 아니라, 모든 존재가(특히 인간의 혼이) 그를 향하고, 그분에게 올라가 안주해야 할 목적 즉, 최고선(*summum bonum*)이 되신다.

그러나 어거스틴은 고백한다. 그가 아는 것은 그가 신에 대해서 알지 못했다는 것이다. 연합하기 위해서 하나님께서 인간의 내면에 흔적으로 남겨준 자기 자신 안에서 신의 본성을 알아야 한다는 것이다. 그러나 어거스틴은 지성을 통해서 사랑의 대상에 도달하려고 노력하나, 하나님을 본성의 단일성 자체 안에서 생각한다면 접근 불가능하다고 말한다.

> 우리의 형상대로 사람을 만들자(창 1:26)

이에 근거하여 인간 이미지에서 표현된 닮음에서 신께 나아가고자 하였다.

인간은 어떻게 삼위일체이신 신을 이해할 수 있는가?

삼위일체를 논증되거나 이해할 수 있는 것이 아닐지라도 멀어질 수는 없다고 말한다. 이런 것은 바로 지성에 의한 것이고 어거스틴은 이것을 사랑의 지성(*intellectum valdeama*)라고 말한다.[52]

어거스틴이 주장하는바, 인간의 지성과 신 사이에는 어떠한 피조물도 가로놓여 있지 않다. 인간은 '일시적 선이 아니라 궁극적인 선'에 참여함으로써 최고의 선에 대한 지식을 얻는다는 것이다.

즉, '일시적인 선'은 단지 자연계에 드러나 있는 '영원한 선'(eternd goodness)의 반영(反映)이며, 인간은 '일시적인 선'을 추구하지 말고, '지고의 선'(the Supreme Goodness)을 바라보아야 한다. 자연으로부터 신에 이르는 봄의 상승은 동시에 인간 내면으로의 정관(靜觀)이 동시적으로 이루어진다.

---

[52] *De ver. rel.*, L V, 113.

영혼이 선해지기 위해서는 초월의 선(transcendental goodness)을 향해야 하고, 초월의 선은 영혼이 영혼으로 되는 데 필연적이다.[53]

신의 조명(divine illumination)은 플로티누스(Plotinus)의 철학에 영향을 받은 것이지만, 그의 조명론은 플로티누스와 근본적으로 다른 구조로 되어 있다. 플로티누스는 인간의 영혼을 '일자'(the One)에게서 유출된 '누스'(nous)의 이미지라고 하지만, 어거스틴은 인간의 영혼이란 다름 아닌 삼위일체의 흔적(imprint)이라고 한다.[54]

플로티누스는 '일자'(the One)에게로 돌아가는 길은 오직 '내면의 정신'(the interned nous)으로 가능하다고 보지만, 어거스틴은 오직 '성육신하신 말씀'(the incarnated Word)만이 인간을 신께로 돌아가게 한다고 주장한다.[55]

인간의 구원에 대하여, 플로티누스는 '비물질적 빛'(the Incorpored Light)을 통한 지성의 형성이 결정적이지만, 어거스틴은 죄와 교만으로부터의 구원이 근본적임을 강조한다. '성육신하신 말씀'께서는 신의 사랑을 선포하심으로써 인간의 교만을 깨어버리신다. 왜냐하면, 성육신은 "인간의 교만이라는 악창으로부터 구원할 수 있는 최상의 치유"이며 "죄의 사슬로부터의 유일한 자유"라고 주장한다.[56]

신의 사랑은 인간의 영혼에 현시(顯示)되어 있다. 그러므로 내면을 응시하고 관조함으로써 신의 사랑으로 돌아갈 수 있다. 마음(cor, 심장)은 신의 사랑이 현존(現存)이 머무는 자리이다. 그러므로 신에게 이르고자 하는 자

---

[53] De trin., VIII, 3, 5.
[54] 어거스틴은 『삼위일체론』 8장에서 인간의 영혼을 "사랑하는 자(lover), 사랑받는 자(beloved), 사랑(love)"으로, 9장에서 마음(mind), 사랑(love), 지(knowledge)의 트리오(triad)로 표현한다.
[55] Mark T. Clark, ed. *Augustine of Hippo*: Selected Writings (New York: Paulist Press, 1984), 24.
[56] De trin., VIII, 5, 7.

는 자신의 마음으로 돌아가야 한다.[57]

『삼위일체론』에서 집을 떠난 탕자(the prodigal son)는 바로 자신의 마음을 잃어버린 자이다. 믿음은 다 신의 영혼에 각인된 신의 이미지를 보며, 신에 대한 이해는 그다음에 온다. 영혼은 내면(introspective)의 응시를 통하여 신의 신비에 이르게 된다. 믿음은 신의 신비를 응시함으로 강화된다.

어거스틴은 "마음이 청결한 자는 하나님을 볼 것"이라는 마태복음 5장 8절을 인용하며, 마음의 청결(purity of heart)이 신에 대한 지식(knowledge of God)에 선행한다는 것을 강조한다. 우리가 신을 이해하고 신을 대면할 수 있으려면 먼저 신께서 우리를 알고 우리를 보아야 한다. 이것은 마음이 정결한 자에게 허락되는 것이다.[58] 그러므로 하나님을 관조하려면 안돈(安頓)이 필요하다.[59]

어거스틴은 앎이 가지는 한계를 직시(直視)한다. 인간의 오감(五感)을 통하여 얻는 지식은 그 대상에 대한 "신체적인 특징과 모양으로 구조를 형성함으로 얻어진다."[60] 인간의 마음속에 어떤 것이 지식으로 자리 잡으면 '비교와 유비'를 통하여 지식에 관련된 영상(image)을 만들어낸다.[61]

우리가 본 일이 없는 물체에 대해서 읽거나 듣고서 믿을 때는 우리가 생각나는 대로 또는 그것의 모습과 형상을 마음에 그린다. 그렇게 한 것이 같지 않거나 같을 수 있지만, 같은 경우는 매우 드물다. 그러나 그런 것을 믿어도 우리에게 유익이 없고, 그것들이 암시하는 방법으로 이용할 수는 있다.

---

[57] *Conf.*, IX, 2, 3.
[58] *De trin.*, VIII, 4, 6.
[59] *De ver. rel.*, XXXV, 65.
[60] *De trin.*, VIII, 4, 7.
[61] *De trin.*, VIII, 4, 7.

사도 바울이 쓴 글이나 그에 대한 글을 읽고, 누가 그의 얼굴이나 그 글에 언급된 사람들의 얼굴을 상상하지 않겠는가?

그의 글을 아는 사람이 많고, 그의 얼굴 모습이나 몸짓을 여러 가지로 다르게 상상할 터인데, 그중에 어느 것이 실상에 더 가깝고 같은가는 물론 확실치 않다. 이 사람들의 외형을 문제로 삼는 것이 아니라, 그들이 하나님 은혜로 어떻게 살며 행했느냐 하는 성경의 증언을 중시한다. 이것이 우리가 믿어서 유익하며 실망하지 않고 해야 할 점이다.[62] 믿음만이 삼위일체를 이해할 수 있는 유일한 길이다.[63]

신을 외적으로 발견하려는 모든 노력이 수포가 될 때, 인간은 자기 자신의 마음속으로 돌아가야 한다. 마음이 다른 데서 본적이 없는 것을 자체 속에서 본다는 것이야말로 이상한 일이다.[64] 그러나 어거스틴은 자기를 알며 자기를 사랑하는 마음속에 삼위일체의 형상이 있다고 한다. 마음은 자체를 통해서 자체를 안다.[65]

어거스틴에게는 신을 알아가는 과정에서 내면의 절제가 결정적으로 중요하다. 절제하여 인간의 마음은 영혼의 고요(serenity)얻게 되고, 고요 속에서 영혼에 흔적을 남겨진 신의 영상(映像)을 관조할 수 있다. 그러므로 인간은 기억(memory), 이해(understanding), 의지(will)와 같은 마음의 기능을 통하여 신에 대한 지식과 사랑에 도달하려 하지만, '내적 성찰(introspection)이 없는 마음의 기능' 만으로는 인간이 신을 찾을 수 없다.[66]

---

[62] *De trin.*, VIII, 4, 7.
[63] *De trin.*, VIII, 5, 8.
[64] *De trin.*, VIII, 6, 9.
[65] *De trin.*, IX, 3, 3.
[66] *Conf.*, XI, 11, 18.

삼위일체의 신을 아는 지식은 삼위일체의 신이 가지는 신적 교제(divine fellowship)에 대한 지식으로 이어진다. 삼위일체 신의 교제에 대하여 알게 되면 인간들의 교제의 참된 원형을 알게 된다. 하나님의 선을 공유한 자는 그들이 밀착한 하나님과 또 이웃과의 상호 간에 거룩한 교제를 즐기며, 결국 성도의 거룩한 교제인 하나님의 도성을 세우는 데까지 확장된다.[67]

만일, 영혼이 '지고의 선'으로부터 이탈한다면, 인간의 마음은 선을 향한 진정한 방향을 잃어버리게 된다. 최고의 선은 초월해 있는 것만 아니라 세계에 내재해 있다. 신은 우리가 살고 행동하는 그 어디에나 있다. 신은 그의 피조물 어디에나 그의 선하심을 나타내고 계신다. 선은 우리에게서 멀리 계시지 않다. 우리는 그 선하심 안에 살아가고 있고, 움직이고, 우리 존재를 가지고 있다.[68]

즉, 선은 단지 도덕적 덕목에 그치는 것이 아니라 창조와 더불어 인간에게 주어진 신의 선물이다. 선은 우주에 편만하여 창조의 목적을 완성하고 있다. 자연적 선은 신의 선하심과 그 영광을 빛나게 하고 있다.

그러나 자연적 선 그 자체는 인간을 구원하지 못하지만, 인간에게 신의 선하심을 보여 주는 계시적 기능을 한다. 인간의 구원은 자연적 선을 통하여 신의 선하심을 볼 수는 있다. 그러나 이 귀환의 시작은 신의 은총으로 시작되고 인간의 반응으로 결정지어진다. 회심 전 어거스틴은 『고백록』에서 자신이 선을 사랑함에도 불구하고 선으로 돌아갈 수 없는 딜레마(dilemma)를 고백했다. 그는 좌절하였고 무능력했다.[69]

---

[67] *De civ. Dei.*, XII, 12.
[68] *De trin.*, VIII, 3, 5.
[69] *Conf.*, X, 28, 39. "내 안에서는 슬퍼해야 할 내 생의 즐거움과 즐거워해야 할 내 생의 슬픔이 서로 싸우고 있어 어느 편이 승리할지 나는 알 수 없습니다." 어거스틴의 내적 갈등을 표현하고 있다.

그러나 그는 신께로 향하는 영혼의 결정적 회심을 통하여 영혼이 믿기 힘든 확신을 가지고 즉, 진리의 관상으로 나아간다. 어거스틴의 『삼위일체론』은 신이 인간의 마음에 자신의 영상(image)을 흔적으로 남기고 있다는 관점으로 구축된 인간론적 신학이다. 인간의 영혼에 나타나 있는 삼위일체론적 트리오(trinitarian triad)에 대하여 살핀다.[70] 영혼에 나타난 신의 형상에서 신을 알 가능성이 있다. 그러므로, 인간의 영혼을 자세히 보면 삼위일체의 신비를 알 수 있다. 특히, 사랑은 인간의 영혼이 가지는 기능 가운데 삼위일체에 대한 가장 명료한 형상이다.[71] 어거스틴은 창조된 모든 피조물에서 존재론적인 삼중구조를 발견하고 그 삼중구조가 어디에서 오는지를 질문하며 내면의 성찰을 통해서 결국 만물을 창조하신 하나님께로 이른다.[72]

---

[70] 누가 능히 전능하신 삼위일체의 신비를 이해할 수 있겠습니까?
삼위일체의 본질에 대하여 말하기 어려워도 사람들은 그것에 대하여 말을 합니다. 이렇듯 삼위일체에 대하여 말은 하지만 그것을 이해하는 자는 극히 드뭅니다. 내가 바라기는 사람들이 자기 자신 안에 있는 이 세 가지 것을 생각해 보았으면 합니다. 물론, 이 세 가지는 삼위일체와는 전혀 다른 것입니다만 사람들이 자신들과 삼위일체가 되신 하나님과 얼마나 다른가를 생각해 보고, 이해하고, 느끼도록 하기 위하여 내가 말하는 것뿐입니다. 이 세 가지란 인간의 존재(esse)와 지식(nosse)과 의지(velle)입니다. 나는 무엇을 알고 (지식), 뜻을 펴며 존재하고 있습니다. 나는 내가 존재하며, 뜻을 펴고 있음을 알고 있습니다. 또한, 내가 존재하고, 알기를 뜻(의지)하고 있습니다.
이 세 가지의 기능, 즉 존재하고, 인식하고, 뜻하는 것 속에서 나눌 수 없는 하나의 생명-하나의 생명, 하나의 정신, 하나의 본질-이 살아 움직임을 사람들로 알게 하소서. 그러므로 이 세 가지는 서로 구별이 되지만 분리하여 있는 것이 아님을 사람들은 알아야 합니다. 모든 인간은 이런 기능을 자기 안에서 의식하고 있으나 자신을 들여다보고 거기에서 발견한 것을 나에게 말하게 하소서. 그러나 어떤 사람이 자신 안에서 이런 사실을 발견하고 말했다 하여 그것이 바로 초월하시고 불변하신 존재, 즉 불변하시고, 불변하게 아시고, 불변하게 뜻하시는 존재인 당신을 발견했다고 생각한다면 잘못입니다.
Conf., XIII, 11, 12. 어거스틴은 삼위일체의 신비에 대한 유비를 인간 내면에서 찾고자 한다.

[71] De trin., IX, 3, 3.
[72] De trin., XV, 1, 1.

어거스틴에 의하면 이 진리는 인지하고 또한, 소유하기 위해서는 그것을 마음 밖에서 찾지 말고 자기 자신 안으로 들어가 '인간의 내면'(*homo interior*)에서 찾아야 한다. 이처럼 인간의 내면성을 강조하는 것이 어거스틴의 신학의 특징이다.[73]

이 말은 결코 진리가 인간의 마음속에 있다든가 그 안에서 진리를 발견할 수 있다는 뜻이 아니다. 그가 의미한 것은 우리가 진리를 파악하는 길은 인간의 마음을 통해서라야 가능하다는 것이다.

즉, 인간의 마음(내적 인간)은 영원한 진리와 접촉을 가질 수 있는 연결점이라는 것이다. 진리가 인간의 마음에 존재한다는 것이 아니라, 다만 인간의 마음을 통해서 초월적 진리이신 하나님을 만난다는 것이다. 인간은 시간과 변화로 인해 제한되어 있어 불안정한 존재이지만, 영원한 진리이신 하나님께(*ad Deum*) 마음이 열려 있는 존재라는 것이다.[74]

『삼위일체론』에서는 사랑은 구원론적으로 전향하고 있다. 어거스틴은 사랑이란 "진리에 서서 사람을 사랑하기 위해서는 세상에 있는 다른 모든 것을 아낌없이 버리는 것"[75]으로 정의한 다음, 사랑의 개념을 인간 구원과 연관하여 설명한다.

즉, 신의 사랑은 신의 낮아짐을 드러낸 그리스도의 성육신에서 가장 결정적으로 나타났다는 것이다. 어거스틴은 이 낮아짐이야말로 "가장 확정적인 것이며, 어떤 교만보다도 더 강력하고 더 안전한 것"이라는 것이다.[76]

그러므로, 성육신은 인간의 교만을 벗겨 내고 죄의 사슬로부터 풀어 준다. 아담의 죄는 근본적으로 교만, 오만, 혹은 자애(自愛, *amor sui*)이며, 성

---

[73] *De ver. rel.*, XXIX, 72.
[74] *De trin.*, XIV, 8, 11.
[75] *De trin.*, VIII, 7, 10.
[76] *De trin.*, VIII, 7, 11.

육신을 통하여 인간은 자신을 사랑하는 이기심으로부터 해방될 수 있고 신과 이웃을 사랑할 수 있는 영혼이 된다.

이처럼 어거스틴은 인간 구원에 대하여 기독론을 중심에 놓고 있다. 어거스틴은 마니교(Manichaeism)[77]에 있을 때와 신플라톤주의의 철학에 심취해 있을 때도 구원에 대하여 고심했으나, 암브로시우스가 열어 보여 준 성경의 세계를 통하여 구원에 대한 기독론적 중심을 발견하게 되었다. 모든 종교는 인간의 도덕적 자질을 향상하는 데 관심이 있는 반면에, 성육신은 인간의 영혼 내면에 영적인 변화를 일으킨다.

모든 종교와 도덕은 세상을 주관하는 힘을 의지하여 신을 추구하는 '외적인 길'이지만, 성육신을 중심으로 하는 기독론적 길은 '내적인 길'이다.[78] 십자가의 구원 사건에서 삼위일체이신 신의 모습은 드러난다. 사랑받으시는 분이신 그리스도는 십자가에 달리시고 사랑의 연합(amor)이신 성령께서는 성부와 성자를 하나로 연합한다.

---

[77] 마니교에서는 선하고 영적인 빛의 세계와 악하고 물질적인 어둠의 세계 간의 투쟁에 대해 설명하는 정교한 우주론을 가르쳤다. 이 우주론에 의하면, 인간의 역사에서는 선과 악 또는 영성과 물질성의 투쟁이 계속하여 발생하는데, 이 과정을 통해 선 또는 영성이 그 대립물인 악 또는 물질성을 극복하게 되며 이에 따라 빛(영 또는 영혼의 에센스)이 물질의 세계로부터 점차 철수할 수 있게 되고, 마침내 그 자신이 발출되어 나왔던 본래의 원천인 빛의 세계(world of light)로 되돌아가게 된다. 메소포타미아의 영지주의에서 영향을 받은 것으로 알려진다.
마니교는 기원후 3세기에서 7세기 동안 융성하는데, 그 절정기에는 가장 널리 퍼진 세계 종교 중의 하나였다. 마니교는 동쪽으로는 중국까지, 서쪽으로는 로마 제국까지 전파되어 이들 지역에 마니교 교회와 경전이 있었다. 서양에서는 마니교가 비교적 빨리 사라졌지만, 동양의 경우 중국 남부에서는 14세기 이후에야 최종적으로 사라졌다. 이는 네스토리우스교(경교[景教])가 중국에서 쇠퇴하여 사라진 것과 동시대의 일이다. 히포의 어거스틴도 그의 고백록에 자신이 9년 정도 몸담았다고 말한다.
참조: 안명준, 『성경 조직신학』 (서울: 성경말씀사관학교, 2014), 209.

[78] De trin., VIII, 7, 10.

어거스틴의 사랑이라는 개념으로 삼위일체를 설명하는 것은 요한신학과 깊은 관련이 있다.[79] 성부는 성자를 사랑하신다. 성자는 이 사랑에 응답하신다. 그리고 성령은 삼위일체를 모두 하나로 묶으신다. 어거스틴은 이렇게 하여 교제의 사랑 개념에 도달한다. 자기 발견을 하기 위해서 정욕에 빠졌던 어거스틴은 탐구의 대상이 하나님으로 바뀌었기 때문이다.[80] 그토록 붙잡고 있던 자기애에서 벗어나게 된다.

『삼위일체론』에서 하나님의 사랑을 다음과 같이 설명한다. '성부는 사랑하는 자'(the Lover), '성자는 사랑받으시는 분'(the Beloved)으로, '성령은 사랑의 결속'(the Bond of Love)으로 설명한다. 학자들이 어거스틴이 성령을 '사랑의 결속'(bond of love)으로 본 것은 그의 신학적 천재성을 보여 주는 것으로 본다.[81]

삼위일체에서의 교제의 사랑은 성육신에서 계시되었다. 그 성육신은 신이 사람이 되신 사건으로 인간의 영혼으로 하여금 신을 사랑할 뿐 아니라

---

[79] *De trin.*, XIV, 18, 24. 사도 요한 말씀에 "사랑하는 자들아, 우리가 지금은 하나님의 자녀라. 장래에 어떻게 될 것은 아직 나타나지 아니하였으나 그가 나타나심이 되면 우리가 그와 같을 줄을 아는 것은 그의 계신 그대로 볼 것임이니라(요일:32)"라고 한다. 그러므로 하나님의 형상이 하나님을 완전히 볼 때 하나님의 모양이 완전히 나타나리라고 하는 것과 같다.

그러나 이 말씀으로 사도 요한은 몸의 영생을 의미한다고 할 수도 있다. 우리는 이 점에서 하나님과 같게 되겠지만, 그것은 하나님이신 성자에게만 같을 것이기 때문이다. 삼위일체 하나님에게서 성자만이 육신을 취하시고 죽으셨다가 다시 살아나셔서, 그 몸으로 승천하셨기 때문이다. 이것을 또한, 하나님의 아들 형상이라고 부른다. 참조: *De trin.*, XIV, 19, 25-6.

"우리의 형상을 따라 우리의 모양대로 우리가 사람을 만들자"라고 하신 (창 1:26) 형상에 대해서, 우리는 전력을 다해서 연구한 결과로, 그것을 삼위일체의 형상을 의미한다고 믿는다. 나의 형상을 따르라고 하지 않고, 너의 형상을 따르라고도 하지 않았기 때문이다. 그러므로 사도 요한의 말씀도 이 형상을 의미한다고 할수있다. "우리가 그와 같은 줄 아는 것은 그의 계심 그대로 볼 것을 인함이라"고 하며, "그"에 대해서는 "우리가 지금은 하나님의 자녀라"고 했기 때문이다.

[80] *De trin.*, XV, 2, 2.
[81] *De lib. arb.*, II, 2, 5.

동료 인간을 사랑하도록 이끈다. 어거스틴은 말한다.

> 우리는 신을 사랑하고 우리 이웃들을 하나의 동일한 사랑으로 사랑한다. 하지만, 우리는 신을 인하여 신을 사랑하고, 역시 신으로 인하여 우리 자신과 이웃을 사랑한다.[82]

어거스틴은 성육신으로 일어나는 사랑의 일치를 이렇게 말한다.

> 나는 힘껏 마음속에서 사랑을 보며 주시(注視)한다. 또 '하나님은 사랑이시라 사랑 안에 거하는 자는 하나님 안에 거하느니라'고 성경 말씀을 믿는다.[83] 그러나 나는 사랑을 볼 때에 그 안에서 삼위일체를 볼 수는 없다.
>
> 그러나 사실은 그대가 사랑을 볼 때 그 안에서 삼위일체를 보는 것이다. 볼 수는 있는 사랑이 일어날 때 '사랑하는 자'(actor of loving)는 무엇보다도 '자기 자신'과 '사랑 그 자체'를 사랑한다는 것이다. 우리가 사랑할 때, 우리는 사랑하는 자기 자신을 사랑하고 있다.
> 그러므로 우리가 사랑하기 시작하면 사랑 자체가 사랑받고 있다고 할 수 있지 않는가?
> 아무것도 사랑하지 않는 그런 것은 사랑이 아니기 때문이다. 우리가 자기 자신을 사랑한다면 그것은 분명 무엇인가를 사랑하고 있다. 우리는 무엇인가를 사랑하는 방식으로 자기 자신을 사랑하고 있다.[84]

---

[82] *De trin.*, VIII, 8, 12.
[83] *De trin.*, IV, 8, 12.
[84] *De trin.*, VIII, 8, 12.

신은 '사랑 그 자체'이시고 그 신께서 사랑을 통하여 무엇보다도 자신을 사랑하신다는 것이다. 그렇다면, 사랑이 일어나는 그 자리에 신은 현존하신다. 신을 사랑으로 정의한 어거스틴은 '사랑을 사랑하는 자'(the love in lover)는 바로 '신을 사랑하는 자'(the lover of God)라고 말한다.[85]

'사랑한다는 것'(loving)은 신의 영감을 받은 행동이며, 신께서 바로 그 사랑을 촉발(觸發)시키는 분이다. 신은 사랑의 저자(author of love)이시므로 오직 신을 보고, 알고, 경험한 자만이 사랑을 행할 수 있다.[86] 이웃(친구)을 사랑하는 것은 하나님에게서 받은 것으로 사랑하는 것이다.

그러므로 사랑에서 발견되는 세 가지를 고려해야 한다.

"사랑하는 자, 사랑을 받는 자, 그리고 사랑 그 자체가 존재한다."[87]

즉, '사랑의 행동'(activity of love)에서 '사랑하는 주체'(subject of love)와 '사랑받는 객체'(object of love), 그리고 '사랑 그 자체'(the love itself)가 존재한다. 그리하여 사랑의 삼위일체가 이루어진다. 사랑은 사랑하는 자의 것이다. 그리고 그것은 사랑으로 사랑받는다. 그렇다면, 세 가지가 존재한다. 사랑하는 자(The lover), 사랑받는 자(The beloved) 그리고 사랑(The love)이다.

사랑하지 않는다면, 사랑으로 둘을 하나로 묶거나 연결하려 하지 않는다면 그것이 무슨 사랑이겠는가?

이것은 외형적 사랑이나, 육욕적 사랑에도 마찬가지다.[88]

그러나 우리는 더 순수하고 명료한 근원으로부터 결론에 도달한다.

---

[85] *De trin.*, VIII, 8, 15.
[86] *De trin.*, VIII, 8, 12. 요한복음으로 사랑을 풀었음. "그의 형제를 사랑하는 자는 빛 가운데 거하며 자기 속에 거리낌이 없느니라"(요일 2:10)
[87] *De trin.*, VIII, 10, 14.
[88] *De trin.*, IX, 2, 2.

육체의 것들을 누르고 영혼을 향하여 상승할 때 한 영혼이 한 친구를 사랑할 때, 그 친구 안에 있는 영혼 외에 또 무엇을 사랑할 수 있는가?

그러므로 여기에도 셋이 존재한다. 사랑하는 자, 사랑받는 자, 그리고 사랑이 그것이다.[89] 어거스틴은 사랑의 실재[90]를 사랑의 삼위일체를 통해서 발견할 수 있다고 강조한다. 그는 사랑이란 사랑의 행위를 떠나서도 '실재하는 어떤 것'이라고 믿었고, 그 사랑이 바로 모든 사랑의 행위들을 일으킨다고 믿었다. 그러므로 그는 사랑은 신에게 속하는 것이며, 사랑은 단지 관념(觀念)에 지나는 것이 아니라 실재이므로, 사랑의 삼위일체를 분석함으로써 사랑의 실재(reality of love)를 볼 수 있다고 믿는다.[91]

이 점에서 어거스틴은 인간적이고 또한, 그의 사랑 개념에 공감할 수 있다. 어거스틴의 삼위일체의 사랑을 통하여 하나님 사랑을 보게 되었고, 이웃을 사랑하는 마음을 가지게 된다고 관계적 사랑의 완성을 주장한다. 이웃과의 교제의 사랑은 삼위일체의 하나님을 사랑할 때 성취할 수 있다. 하나님의 선물 가운데 사랑이 제일 귀하다.[92]

어거스틴은 인간의 영혼에서 '마음과' 사랑은 분리할 수 없다고 한다. 마음과 사랑은 물질이 아닌 영적인 것이다. 이 둘은 두 개의 영혼이 아니고, 두 개의 본질도 아닌 오직 하나의 영혼에서 나오는 두 개의 작용(functions)이다. 마음과 사랑은 단단히 연결되어 있다.

---

[89] *De trin.*, VIII, 10, 14.
[90] *De trin.*, IX, 4, 7. 실재론(實在論)은 의식, 주관으로부터 독립된 실재를 인정하고, 그것을 올바른 인식의 목적 및 기준으로 보는 관점이다. 실재의 유사성은 인정하지만 이해의 정확도를 증명할 수 없기 때문에 이런 맥락에서는 관념론과 대조되는 견해로 볼 수 있다.
[91] *De trin.*, IX, 5, 8.
[92] *De trin.*, XV, 18, 32.

이처럼 마음과 사랑이 하나라면, '사랑하는 자'의 '마음과' 사랑은 구별될 수는 있어도 분리될 수는 없다.[93] 어거스틴은 이것을 다음과 같이 정리한다. 마음이 자기 자신을 사랑할 때, 두 가지를 알게 된다. 마음과 사랑이다.

자기 자신을 탐닉한다든가, 자기 자신을 즐긴다는 그런 의미와는 달리, 자기 자신을 사랑한다는 말은 무엇을 의미하는가?

어떤 사람이 자기 자신을 있는 그대로를 사랑한다고 할 때, 그 사람의 의지는 그 사람의 마음과 동등하고, 사랑은 사랑하는 자와 동등하다. 만약 사랑이 실체(substantial)이면 그것은 분명 육체가 아닌 영이다. 마음 역시 육체가 아니고 영이다. 그러나 사랑과 마음은 두 영혼이 아니라 하나의 영이다. 두개의 본질이 아니라 하나의 본질이다. 둘이 하나가 되고, 사랑하는 자와 사랑이, 사랑받는 자와 사랑이 하나이다.

이 둘은 진실로 분리되지 않고 서로 연결되어 있다. 사랑하는 자는 사랑에, 사랑은 사랑하는 자에게 귀착되어있다. 사랑하는 자가 사랑을 가지고 사랑할 때, 사랑은 사랑하는 주체인 그 존재이다.[94]

어거스틴은 자기를 알며, 자기를 사랑하는 마음속에 삼위일체의 형상이 있다고 말한다. 마음 자체를 모르면 자체를 사랑하지 않는다고 말한다.[95] 다시 말해 마음을 알고 그 마음을 지킬 때 우리는 하나님의 사랑에 연합될 수 있으며, 세상을 향한 쿠피디타스의 사랑에서 벗어나 하나님과 교제하는 카리타스의 사랑을 알 수 있게 되는 것이다. 그러므로 어거스틴은 『삼위일체론』을 하나님과의 교제의 사랑을 말한다고 본다. 어떻게 하나님의 카리타스에 응답할 것인가를 고백하는 사랑의 고백서이다.

---

[93] *De trin.*, IX, 2, 2.
[94] *De trin.*, IX, 2, 2.
[95] *De trin.*, IX, 3, 3.

어거스틴은 인간의 영혼에 있는 삼위일체의 모상(模像; image of the Trinity)에 대하여 말한다.

이미지란 무엇인가?

그것은 본질에서 '표현된 닮음'이다. 자기 자신에 대한 이런 원초적인 관계는- 이것에 의해서 신은 말씀 즉, 자신하게 완전하게 표현된다. 창조물이 존재에 이르게 하고 지속할 수 있는 모든 관계의 원천이고 모델이다.[96]

이미지 자체로, 그리고 말씀으로 인간 안에서도 삼위일체의 흔적인 생명, 운동(존재), 지혜가 있다. 이 흔적은 진리에 대한 관상 안에서, 삼위일체의 하나님을 사랑하고, 하나님의 사랑에 연합하여 사랑을 가진 자 되기를 갈망하게 만든다.[97] 삼위일체의 유비를 통해서도 어거스틴은 철학적으로 그리스도교를 증명하고, 카리타스의 사랑을 신과의 교제(관계)의 사랑(사랑법)에 적용하려고 하였다.

3. 질서의 사랑과 향유

인간의 혼이 영원자에게로 향하는 이 '지향성'(*intentio*)을 어거스틴은 또한, 하나님에게로의 '사랑'(*amor Dei*) 혹은 '카리타스'(*caritas*)라는 독특한 말로 표현하였다. 이 카리타스(*caritas*)라는 사랑의 개념을 이해하기 위해서는 사랑에 대한 그의 일반적인 개념부터 규명해야 한다.

어거스틴의 사랑은 질서의 사랑이다. 어거스틴은 어떤 것을 사랑한다는 그 자체는 나쁜 것이 아니고 그것은 인간 존재의 자연스러운 본성이라고

---

[96] *De trin.*, VI, 10, 11.
[97] *De trin.*, XIV, 12, 15.

말한다. 인간은 본질에서 그의 사랑에 의해 움직이는 사랑하는 존재이다. 하지만, 인간이 무엇을 사랑하느냐는 사랑의 대상에 따라서, 그 사랑의 질이 결정된다. 그래서 어거스틴은 말했다.

"너의 사랑이 어떤 종류의 사랑인지 알고 싶어 하느냐?

그러면 그 사랑이 어떤 방향으로 가는지만 보아라."[98]

이처럼 사랑은 어느 대상을 향해 끊임없이 운동하는데, 그 사랑을 좋고 나쁨은 그 사랑이 향한 대상에 달린 것이다.

어거스틴의 다음 고백 속에 그의 사랑의 대상이 확실하게 나타난다.

> 오 주님! 우리에게 비춰주시는 분도, 빛의 옷을 입혀주시는 분도 당신이십니다. 이렇듯 우리가 당신의 빛의 조명을 받고 당신이 빛의 옷을 입을 때는 우리의 어둠은 대낮처럼 밝아질 것입니다(사 58:10).
>
> 오! 나의 하나님, 당신 자신을 나에게 돌려주소서, 보시옵소서, 나는 당신을 사랑합니다. 당신에게 향한 나의 사랑이 미약하다면 당신을 강하게 더 사랑할 수 있도록 도와주소서. … 내가 모든 부를 가졌다 할지라도 당신을 떠나 있으면 나는 궁핍자가 되고 맙니다.[99]

하나님만이 모든 존재의 근원이시오, 최고선이시기 때문에 인간 사랑의 유일하고도 올바른 대상은 하나님뿐이라는 것이다. 따라서, 그를 사랑하고 의지할 때만(마음과 뜻과 정성을 다해서 사랑할 때) 인간은 안정과 마음의 통일과 행복을 성취할 수 있다. 이처럼 하나님을 사랑하게 될 때, 그 사랑은 카리타스(*caritas, amor Dei*) 즉, 애덕이 된다.[100]

---

[98] *Conf.*, XIII, 9, 10.
[99] *Conf.*, XIII, 8, 9.
[100] 선한용. 『사랑과 영원』, 105.

어거스틴은 자신의 경험을 통해 자신을 사랑하는 자기애에서 진정한 행복과 안정을 찾을 수 없다는 것을 알았다. 인간은 본래 무상한 존재로서 시간 속에서 흩어져 있으므로 자신을 사랑하는 것에서 결코 행복과 안정을 찾을 수 없다. 그러므로 자신을 아무리 좋게 해주고 사랑한다고 할지라도 결과적으로 유래된 공허감은 피할 수 없게 된다.[101] 세상에서 사는 동안 우리는 영원을 순간적으로 체험할 수밖에 없다. 그는 이 이유를 "내 죄의 병"으로 돌리고 있다.[102]

인간에게는 의지(무엇을 사랑할 수 있는)가 주어져 있는데, 그 의지의 본질은 자유라고 한다. 그는 이 의지의 자유 때문에 존재의 근원과 최고선(*summum bonum*)이 되시는 하나님을 사랑함으로써 평화와 안정을 누릴 수도 있고, 혹은 세상의 낮은 층에 있는 존재들을 사랑함으로써 변하고 불안정한 피조물 세계로 전락해버릴 수도 있다.[103]

이 말은 인간이 피조물들을 사랑하면 안 된다는 뜻이 아니다. 세계에는 존재의 계층이 있으나 그 계층에 따라 우리의 사랑도 계층을 이루어 질서가 있어야 한다는 것이다.[104]

> 이 모든 사물 가운데서 우리가 영원불변한다고 한 것들만이 즐거움의 진정한 대상이 된다. 나머지 것들은 우리가 영원불변하는 것들을 즐길 수 있도록 이용하는 우리 자신도 사물이다. 참으로 우리는 위대한 사물이다. 그것은 하나님의 형상과 같이 지어졌기 때문이다.
>
> 이는 우리가 입고 있는 죽을 몸에 대한 말이 아니라, 우리를 동물보다 높게 만드는 우리의 이성(理性)적인 영혼에 관한 말이다. 그래서 사람을 서

---

[101] *Conf.*, X, 39, 64.
[102] *Conf.*, X, 41, 66.
[103] *De lib. arb.*, I, 12, 26.
[104] *Conf.*, II, 5, 10-11.

로 즐길 것인가 또는 이용할 것인가, 또는 양쪽을 다할 것인가 중요한 문제가 된다. 우리가 서로 사랑하라는 말을 받았지만, 사람을 그 자신을 위해서 사랑할 것인가 하는 문제가 생긴다.

만일, 그 자신을 위해서 사랑해야 한다면, 우리는 즐기는 것이 되며, 다른 어떤 것을 위해서 사랑한다면 우리는 그를 이용하는 것이다. 사람은 다른 어떤 것을 위해서 사랑해야 한다고 나는 생각한다.

어떤 것을 그 자체 때문에 사랑한다면, 그렇게 즐기는 것이 곧 행복한 생활이 되며, 그 행복이 현실이 아닐지라도 적어도 그런 소망을 가지는 것이 현세에의 위로가 된다. 그러나 사람을 믿고 소망을 가지는 자는 저주를 받으리라고 했다(렘 17:5).[105]

이처럼 인간의 본래 가지고 있는 사랑(*amor*)은 그 사랑이 향하고 있는 대상의 계층에 따라서, 그 성격과 종류가 달라지고 또한, 질서 지워지게 된다. 자신과 세상을 사랑의 대상으로 삼고 하나님 사랑을 고려하지 않을 때, 그 사랑의 대상으로 삼고 하나님 사랑을 고려하지 않을 때, 그 사랑은 무질서의 사랑, 쿠피디타스(*cupiditas*)가 된다.[106]

그러나 인간이 피조물을 사랑하되 하나님을 궁극적으로 사랑하는 범위 내에서 하면 그 사랑은 카리타스(*caritas*)가 되는 것이다. 이렇게 본다면 하나님을 궁극적으로 사랑해야 한다는 카리타스 사랑은 자신과 세계를 부정하도록 만들지는 않는다.

어거스틴의 위대성은 여기에 있다고 본다. 자신의 과거 경험을 가지고 카리타스를 실천하려고 하였고 가르치기보다는 사랑의 대상들에게 마음을

---

[105] *De doct. chr.*, I, 22, 20.
[106] *De doct. chr.*, I, 23, 22.

따뜻하게 하기를 원했다.[107] 그 이유는 하나님을 향한 사랑의 본 물줄기에 모든 대상에 대한 사랑이 합류된다는 것이다.

> 네 이웃을 네 몸과 같이 사랑하라고 하였지만 네 마음을 다하고 네 목숨을 다하고 뜻을 다하여 주 너의 하나님을 사랑하라고 하셨다(마 22:37; 신 6:5). 즉 우리에게 모든 것을 주신 하나님께 우리의 생각과 생명과 지력(知力)을 남김없이 완전히 집중하라는 것이다. 마음을 다하고 목숨을 다하고 뜻을 다하며 라는 말씀은 이를테면 우리 마음의 한구석을 비워서 다른 것을 즐기려는 이유를 제공할 것이 아니라, 무엇이든지 사랑의 합당한 대상으로 떠오를 때, 그것도 우리의 애정의 큰 흐름에 합류시키라는 뜻이다.
> 그러므로 이웃을 바르게 사랑하는 사람은 그 이웃도 마음을 다하고 목숨을 다하고 뜻을 다하여 하나님을 사랑하도록 권면해야 한다.
> 이렇게 함으로써 자기 몸과 같이 이웃을 사랑하는 그 사랑이 하나님께 대한 사랑의 본줄기와 합류되며, 사소한 부분이라도 떨어져 나가지 않고 본줄기의 수량이 감해지지 않게 된다.[108]

어거스틴은 사랑은 사랑하는 방법에서도 분명한 사랑의 순서를 제시한다. 어거스틴은 사랑의 방법을 '즐김'(frui)과 '이용'(uti)이라는 개념으로 설명한다.[109] 어떤 것을 이용한다는 것은 더 고차적인 목적, 즉 다른 것을

---

[107] Etienne Gilson, 『아우구스티누스의 사상과 이해』, 김태규 역 (서울: 성균관대학교출판부, 2010), 461.
[108] *De doct. chr.*, I, 22, 21.
[109] uti와 frui의 관계는 수단과 목적의 관계와 같다고 볼 수 있다. uti나 frui는 다 사랑한다는 뜻을 포함하고 있다. 그러나 frui의 사랑의 대상은 더 이상의 존재를 사랑할 수 없는 최고의 존재자 즉, 절대 최고선이요, uti의 대상은 상대적, 잠정적인 것으로서, 그것은 절대 최고의 목적에 다다르기 위한 수단이다. 어거스틴이 사랑의 사용과 즐김의 방법을 구체적으로 말하는 것은 중요하다. 어거스틴은 uti와 frui의 개념을 통하여 인간이 하나님과

위하여(propter aliud) 그것을 잠시 수단으로 그 자체를 위하여(propter se) 사랑한다는 것이다.[110]

공정하고 거룩한 생활을 하는 사람은 사물을 평가할 때에 사랑해서 안 될 것을 사랑하지 않으며, 사랑해야 할 것은 반드시 사랑한다. 작게 사랑해야 마땅한 것을 더 사랑하든지, 동등하게 사랑할 것을 적게 또는 많이 사랑하는 일이 없다. 죄인을 죄인으로서 사랑해서는 옳지 않으며, 모든 사람을 하나님을 위해서 사랑해야 한다.
그러나 하나님은 그 자신을 위해서 사랑해야 한다. 하나님을 사람보다 더욱 사랑해야 한다면, 모든 사람이 자기보다 하나님을 더 사랑해야 한다.
마찬가지로 우리는 우리 몸보다 다른 사람을 더 사랑해야 한다. 모든 것은 하나님과 관련하여 사랑해야 하며, 다른 사람은 우리와 함께 하나님을 즐길 수 있지만, 우리 몸은 여기에 참여할 수 없기 때문이다. 몸은 영혼을 통해서만 살 수 있으며, 우리는 영혼으로 하나님을 즐기는 것이다.[111]

그러므로 우리 인간은 하나님을 사랑하기 위하여 세상을 수단으로 사랑해야 한다는 것이다. 그 말은 시간적인 것을 사용하여 영원한 하나님을 즐겨야 한다는 것이다. 그러나 사랑의 왜곡이란 하나님을 이용하여 세상을 즐기려는 것, 영원한 것을 사용하고 시간적인 것을 즐기려는 것, 영원한 것을 사용하고 시간적인 것을 즐기려고 하는 것이다.

이 사랑의 왜곡이 바로 '쿠피디타스'(*cupiditas*, 탐욕, 옳지 못한 사랑)가 되는 것이다. 어거스틴은 방향이 잘못된 사랑은 의지로 하여금 변하지 않는

세계에 대하여 갖게 되는 올바른 관계가 어떠해야 함을 밝히 설명해주고 있다.
[110] *De doct. chr.*, I, 29, 30.
[111] *De doct. chr.*, I, 27, 28.

선을 버리고 변하는 선으로 타락하게 만든다고 말한다.[112]

그러므로 사랑의 왜곡이란 *frui*할 것을 *uti*하는 것에 있다고 할 수 있다. 이 말은 틸리히가 지적한 바와 같이 일종의 우상숭배라고 볼 수 있다. 즉, '예지적 관심'(preliminary concern)이 '궁극적 관심'(ultimate concern)의 자리에 올라 본래 유한한 존재에게 무한한 의미를 부여하는 것과 마찬가지이다.[113]

이에 대하여 어거스틴은 그의 저서 『신의 도성』에서 다음과 같이 자세히 설명하고 있다.

> 그러므로 하나님의 솜씨인 피조물의 아름다움도 다만 시간적이요, 육체적이요, 낮은 단계의 선에 속해 있는 것이기 때문에 그것을 영원하고 영적이며, 불변한 하나님보다 더 사랑하면 바르게 사랑하는 것이 못 된다. 구두쇠가 정의보다 더 사랑한다면, 그것은 금이 나쁜 것이 아니고 그 금을 사랑하는 인간이 나쁘기 때문이다.
>
> 모든 피조물을 사랑한다는 것도 마찬가지이다. 피조물 자체는 좋은 것이지만, 바르게 사랑할 수도 있고 나쁘게 사랑할 수도 있다. 피조물을 그 존재의 계층에 따라 분수에 맞게 사랑하면 바른 사랑이요, 분수에 맞지 않게(과도하게) 사랑하면 옳지 못한 사랑이다.[114]

여기에서 분수에 맞게(적절하게) 사랑한다는 것은 하나님을 사랑하기 위하여 세상의 모든 것을 사용한다는 면에서 사랑하는 것이다. 이렇게 생각

---

[112] *De civ. Dei.*, XII, 8 : 영혼이 그릇된 생각으로 어떤 본성의 선을 사랑하는 사람은 그것을 얻는 때에라도, 그것 때문에 더 높은 선을 잃어버리고, 자체가 악하게 되며 동시에 불행하게 된다.

[113] Paul. Tillich, *Systematic Theology*. Vol. I. (Chicago : The University of Chicago Press, 1951), 13.

[114] *De civ. Dei.*, XV, 22.

해 볼 때, 하나님을 사랑하는 것과 세상을 사랑하는 것은 상반되거나 분리되는 것이 아니라, 어떤 연관이 있다. 사랑의 우선순위가 인간의 사랑 영역에서 제외되는 것은 없다.

그러므로 두 사랑을 같은 차원에 나란히 둘 수는 없다. 세상을 사랑하는 데 있어서 *uti*가 *frui*로 되는 것을 금하는 것뿐이다. 왜냐하면, 인간이 세상을 *frui*로 사랑하게 되면, 그는 그 사랑을 통해 변화무쌍한 세상과 하나가 되고, 거기에 사로잡힌 바 되어 지나가고 허물어져 가는 많은 사물 가운데서 자기를 잃어버리게 되기 때문이다. 저급(低級)한 것으로 만족하는 데 빠져, 즐김(*frui*)의 진정한 대상을 얻는 일이 혹은 늦어지며 혹은 아예 막혀버린다.[115] 어거스틴은 이 부분을 명확하게 하려고 하나님이 인간을 사용하시는 방법과 인간의 즐김(향유)을 분명히 한다.

> 하나님이 무엇을 사용하시는 방법도 우리와는 다르다. 우리가 어떤 것을 사용할 때에는, 하나님의 선하심을 완전히 즐기려는 것이 그 목적이다. 그러나 하나님이 우리를 사용하시는 것은 그 자신이 선하기 때문이다. 그리고 우리가 참으로 존재할 때에 우리는 선하다. 그뿐 아니라 하나님은 공정하시므로 우리가 악하다면 처벌받지 않을 수 없다. 우리가 악할 때 우리는 그만큼 완전하지 못한 존재가 된다.
>
> 그런데 하나님은 최고의 존재시며 전혀 변하지 않으며, 문자 그대로 스스로 있는 자니라라고 하실 수 있는 분이다. 또 그는 너는 그들에게 이같이 이르기를 스스로 있는 자가 나를 너희에게 보내셨다 하라고 하실 수 있었다(출 3:14).

---

[115] *De doct. chr.*, I, 2, 3.

그래서 모든 존재는 완전히 그의 덕택에 존재하며, 그의 덕택으로만, 선할 수 있다. 하나님이 우리를 사용하신다고 할 때에, 그 자신에게 유익이 된다는 것이 아니라, 우리가 받은 유익만을 의미한다. 그 자신에 관해서는 그가 선하시기 때문이라는 것을 의미할 뿐이다.

우리가 어떤 사람을 동정해서 돌보아 준다면, 그것은 그가 혜택을 받기 위해서다. 그러나 일종의 자연적인 결과로서 우리 자신이 혜택을 받게 된다. 필요한 사람에게 우리가 베푸는 자비에 대해서 하나님께서는 반드시 상을 주시기 때문이다. 그런데 우리가 받을 수 있는 최고의 상은 우리기 하나님을 완전히 즐기게 되는 것이다. 또 하나님을 즐기는 사람들이 모두 그의 안에서 서로를 즐기는 것이다.[116]

또한, 모든 피조물이 하나님을 즐기기 위하여 사용되어야 한다고 할 때도 피조물이 똑같은 차원에서 똑같이 *tui*되어서는 안 된다고 어거스틴은 주장한다. 왜냐하면, 모든 피조물은 각각 존재와 선의 다른 계층에 속해 있으므로 그 계층에 따라 피조물을 *tui*해야 한다는 것이다.

어거스틴은 사랑의 질서를 더 자세하게 설명하기 위해서 사랑의 대상을 네 가지로 나누어 그에 대한 사랑의 적절성을 설명하고 있다.[117]

첫째, 사랑의 진정한 대상은 삼위일체 하나님이다.[118]

그분만이 *frui*의 대상이 된다. 우리를 행복하게 만드는 하나님을 즐기며, 그 앞에 기쁨이 있다고 기대하는 하나님께로 온 것을 기뻐하기 때문이다.[119]

---

[116] *De doct. chr.*, Ⅰ, 32, 35.
[117] *De doct. chr.*, I, 23, 22.
[118] *De doct. chr.*, I, 5, 5.
[119] *De doct. chr.*, I, 33, 37.

둘째, 인간 자신이다.

인간이 자신을 사랑할 때 교만한 태도로 임할 것이 아니라, 하나님과의 관계 아래 해야 한다. 인간이 스스로 자신을 중심으로 사랑한다는 것은 진정한 의미에서 자신을 사랑하는 것이 아니다. 인간은 하나님 안에서만 참다운 행복을 이룰 수 있으므로 하나님을 사랑하는 것 혹은 하나님을 먼저 사랑하는 관계에서 자신을 사랑하게 될 때라야 자신을 진정으로 사랑하는 것이 된다.[120] 여기에서 하나님 사랑(*caritas*)과 자기 사랑(*amor sui*)이 연합된다.[121]

셋째, 자기 이웃 즉, 자기와 또 같은 차원에 있는 사람들이다.

이웃을 사랑할 때는 그 이웃을 *uti* 해서는 안 되고,[122] 자신과의 관계 아래에서 *frui*의 사랑을 해야 한다. 그러나 동시에 이웃을 사랑할 때는 하나님과의 관계 아래에서, 하나님을 위해서 이웃을 *furi*하는 사랑을 해야 한다. 만일, 인간이 최고의 선이신 하나님과의 관계 아래에서 이웃을 *uti*하지 않으면 이웃을 진정으로 사랑하는 것이 아니다.[123]

---

[120] *De trin.*, VIII, 8, 12.

[121] *De doct. chr.*, I, 29, 30.

[122] *De doct. chr.*, I, 23, 23. 자기와 동등한 존재들 다른 사람들을 지배할 수 있게 되면, 그것을 위대한 성공이라고 생각한다. 원래 하나님에게만 돌아가야 할 것을 자기가 가져야 한다고 하며, 무엇보다도 그것을 원하는 것이 죄 많은 영혼의 본성이기 때문이다. 자기에 대한 이런 사랑은 미움이라고 할 수 있다. 자기 밑에 있는 것이 자기에게 복종하는 것을 원하면서, 자기 위에 있는 것에 복종하지 않는 것은 공정하지 않으며, 불의(不義)를 사랑하는 자는 자기 영혼을 미워하느니라(시 11:5)고 말씀은 지극히 공정하다.
따라서, 그 영혼은 약하게 되며 죽을 몸 때문에 고통을 많이 받는다. 영혼은 물론 몸을 사랑하지 않을 수 없고, 몸의 부패를 슬퍼하지 않을 수 없기 때문이다. 영혼이 건전해야만 몸도 불멸불후(不滅不朽)하게 된다. 그런데 영혼이 건전하려면 영원불멸하시는 하나님께 꾸준히 밀착(密着)해 있어야 한다. 그러나 그 본성이 자기와 동등한 것, 즉 다른 사람을 지배하려고 애쓰는 영혼은 도저히 용인할 수 없을 정도로 교만에 빠져있다.

[123] *De trin.*, VIII, 8, 12. 형제를 사랑하는 사람은 하나님을 사랑한다. 사랑 서로 하나 되게 하며 함께 하나님께 복종하게 만든다. 그러므로 교만으로 부풀은 우리의 병이 치료될수록 우리는 사랑이 더 충만하게 된다. 그런데 사랑이 충만한 사람은 하나님이 충만하신

그러므로 이웃사랑은 *frui*하면서 동시에 *uti*하는 사랑이다. 즉, 자기와의 관계에서는 목적으로 대하는 사랑이요, 하나님과의 관계에서는 수단으로서의 사랑이다. 이 말은 하나님 사랑을 위해 이웃을 사랑해야 진정한 이웃사랑이 이루어진다는 뜻이다.[124]

넷째, 인간 밑에 있는 세계의 사물들이다.

인간이 그들을 사랑하되 인간의 영적인 목적을 달성하기 위한 수단으로 사랑해야 한다는 것이다. 그러므로 물질적이며 일시적인 것들을 수단으로 삼아서 영원한 것들을 파악해야 한다. 그들에 대한 인간의 사랑도 하나님 사랑에 예속되어야 한다.[125]

하나님만이 참다운 목적으로 사랑(*frui*)해야 하고, 같은 차원에 있는 이웃(인격자)에 대해서는 그 자신을 목적으로 사랑하면서도 동시에 더 고차적

것이 아니고 무엇인가?

[124] *De doct. chr.*, I, 33, 37.

[125] *De doct. chr.*, I, 4, 4. 어떤 사물을 즐긴다는 것(*frui*)은 그 것 자체 때문에 그것에 안주하는 것이다. 그와 반대로 이용한다는 것(*uti*)은, 우리가 가지기를 원해도 합당한 것을 얻기 위해서, 마음대로 처분할 수 있는 것을 사용한다는 뜻이다. 합당하지 않은데 사용하는 것은 악용(惡用)이라고 한다.

가령 우리가 타향에서 방랑하며, 고향을 떠나 방랑하며, 고향을 떠난 생활이 행복하지 않으므로 이 방랑과 불행을 끝내기 위해서 고향에 돌아가기로 결심했다고 하자. 그러나 행복이 기다리고 있는 그 고향까지 가려면, 육로로 가든 수로로 가든 간에 교통기관이 필요하다. 그런데 우리가 통과하는 지방의 산천이 아름답고 여행 자체가 쾌적해서 마음이 거기에 매혹되어, 이 여행을 속히 끝내고 싶지 않고, 이용해야 할 수단들을 도리어 즐기게 된다. 이런 가짜 기쁨에 빠져 우리는 고향의 진짜 기쁨을 잊어버린다.

이런 것이 이 죽을 인생에 처한 우리의 모습이다. 우리는 하나님을 멀리 떠나 방황한다. 하나님의 집으로 돌아가려면 우리는 이 세상을 이용하되 즐겨서는 안 된다. 하나님이 지으신 만물들에 하나님의 보이지 아니하는 것들을 이해하며 분명히 보게 되어야 한다(롬 1:20). 바꿔 말하면, 물질적이며 일시적인 것들을 수단으로 삼아서 영원한 것들을 파악해야 한다.

인 하나님에 대한 사랑에 종속되어야 하며(*frui et uti*), 인간 이하의 사물에 대해서는 수단으로 삼아서 영원한 것들을 파악해야 한다. 영원을 파악하기 위한 사용(*uti*)으로서 사랑해야 한다. 피조물에 대한 사랑이 창조주와 관련될 때에, 그것은 쿠피디타스가 아니고 카리타스이다. 피조물을 그 자체 때문에 사랑하는 것은 욕망이기 때문이다. 그럴 때 그 피조물은 그것을 이용하는 또는 즐기는 사람을 돕지 않고 부패시킨다.

그러므로 어떤 피조물이 우리와 동등하거나 우리보다 낮을 때 우리는 하나님을 위해서 *uti*하며, 하나님 안에서만 동등하거나 동등한 것을 *frui*해야 한다. 우리는 우리보다 낮을 때에, 우리 자신을 본위로 삼지 않고 우리를 지으신 하나님 안에서 즐겨야 하며, 동등한 피조물도 우리 자신같이 사랑해야 한다. 그러므로 우리는 우리 자신이나 형제들이나 모두 우리 자신 같이 사랑해야 한다.[126] 그래서 어거스틴은 다음과 같이 논하고 있다.

> 만일 사물들이 너를 즐겁게 하거든 그 이유로 하나님을 찬양하여라. 그리고 너의 사랑을 그것들에게 돌리지 말고 그것들을 만드신 창조주께 돌리어라. 혹시 사물들을 사랑하다가 하나님을 노엽게 할까 두렵다.
>
> 만일 사람들이 너를 즐겁게 하거든 하나님 안에서 그들을 사랑하라. 사랑이라고 할지라도 그 자체는 변하는 것이니 그들이 하나님 안에 있을 때만 확고하여 요동하지 않는다. 그렇지 않으면 그들도 지나가고 없어지고 만다.[127]

---

[126] *De trin.*, IX, 8.
[127] *Conf.*, IV, XII, 18.

그러므로 모든 것을 하나님 안에서 사랑하고 모든 것을 통해서 하나님을 사랑하게 될 때 인간에게 사랑의 질서가 세워지게 된다. 어거스틴이 즐겨서 쓴 "내 안에 있는 사랑을 정돈해 주소서"란 말도 이런 맥락에서 이해해야 할 것이다.[128]

이런 의미에서 행복의 추구로서 시작한 인간의 사랑(amor)은 반드시 하나님을 사랑하는 카리타스(caritas)로 바뀌어야 한다. 그리스도의 성화 과정으로서 사랑의 순서로 그릇된 사랑(cupiditas)이 하나님을 사랑하는 카리타스(caritas)로 변화되어야 함을 말하고 있다.[129] 왜냐하면, 욕망으로써 시작한 인간의 사랑은 모든 것 안에서, 그리고 모든 것을 통해서 하나님을 사랑할 때만 완성되기 때문이다.

우리가 하나님 안에서 어떤 사람을 기뻐할 때에는 우리가 즐기는 것은 그 사람이 아니라 하나님이다. 우리를 행복하게 만드는 하나님을 즐기며, 그 앞에 기쁨이 있다고 기대하는 하나님께로 온 것을 기뻐하기 때문이다. 그래서 바울은 '주안에서'라는 표현을 항상 하였다.
'기쁨을 얻는다' 즉 '즐긴다'는 것은 '기쁘게 사용한다'는 것과 뜻이 매우 가깝다. 우리가 사랑하는 것이 곁에 가까이 있으면 우리를 즐겁게 하지 않을 수 없다. 우리가 이 즐거움을 넘어, 우리가 영원히 머무르게 될 그 종국(終局)에 이르는 수단으로 삼는다면 우리는 그것을 사용하는 것이다. 그 말은 잘못이며 바르지 않을 것이다.
만일 우리가 그것을 굳게 잡고 떨어지지 않으며, 우리의 모든 기쁨을 거기서 얻으며 그것을 우리의 영원한 거처로 삼는다면, 그때에는 우리가 그것

---

[128] *De civ. Dei.*, XV, 22. (아 2:4, 70인 역)
[129] *De doct. chr.*, I, 27, 28.

을 즐긴다는 말이 옳고 또 바르다. 그리고 우리는 불변하는 최고의 선이신 삼위일체 하나님에 대한 때가 아니면 이렇게 하는 것이 마땅하지 않다.[130]

어거스틴의 사랑의 의미는 의외로 단순하다.
누구를 사랑하는가?
어떤 마음으로 어떻게 사랑하는가이다. 어거스틴의 청년기의 사랑은 자기를 사랑했고, 회심 후의 사랑은 하나님을 사랑했다. 자기를 사랑한 자의 사랑의 결과는 그가 말한 대로 내적인 병을 앓게 되었고, 하나님을 사랑한 결과는 재창조된 그리스도인이다.

어거스틴은 사랑의 대상에 따라 사랑의 힘이 달라진다는 것이다.
"사랑은 사랑한 자(amans)와 사랑받는 자(amatum)를 연합하게 하는 힘을 가지고 있다"[131]라는 것이다. 사랑은 대상과 연합하려고 하는 욕구뿐만 아니라, 그 의지의 연합이요, 그 연합을 즐거이 누리는 것이기도 하다.

어거스틴의 사랑의 누림을 즐기는 것이 향유(즐김)이다. 인간의 축복인 자유의지를 누리는 것이다. 다른 말로 바꾸어 말하면 인간은 사랑을 통해서 변모되어 그가 사랑하는 대상과 연합된 관계를 즐기게 된다는 것이다. 그러므로 인간이 영원하신 하나님을 사랑하게 될 때, 영원하신 하나님과 연합하게 된다. 그래서 그는 자기 존재의 흩어짐에서 한데 모아져 이 세상에서 사는 동안이라도 상대적인 통합, 안정, 행복을 성취할 수 있다[132].

---

[130] *De doct. chr.*, I, 33, 37.
[131] *De trin.*, VIII, 10, 14. 사랑에는 마치 삼위일체의 형식처럼 세 가지의 면이 있다. 사랑하는 사람, 사랑을 받는다는 것, 사랑이다.
[132] *De lib. arb.*, III, VII, 21. 그대가 불행을 피하기를 원하거든 그대 안에서 그대가 존재하기를 원하기를 원한다는 그 사실을 사랑하도록 하라! 만약, 그대가 더욱더 존재하기를 원하면 원할수록 그대는 최고로 존재하는 분에게 가까이 가게 되리라.

그리고 최후엔 하나님 안에서 영원한 안식(*quies*)을 누리게 된다. 이 때는 믿음과 소망은 그치지만 하나님을 사랑하는 데서 오는 '하나님을 즐김'(*fruito Dei*)가 계속되어, 그를 사랑하고 사랑의 관계함에 따라 그 사랑이 더욱 증진된다.[133]

하나님을 사랑하는 자에게는 하나님의 뜻에 나의 뜻이 일치되는 것이다. 자기에게 이루어지기 바라는 선(善)이 상대방에게도 이루어지고 자기에게 일어나지 않기를 바라는 악(惡)은 상대방에게도 일어나지 않기를 바라는 것이 사랑의 법칙이다.[134]

인간이 하나님을 사랑(*caritas*)한다는 것은 어떻게 가능하게 되는 것일까?

이 가능성은 하나님이 그의 아들 예수 그리스도를 세상에 보내신 그 사랑, 우리에게 은혜를 주시어 우리의 왜곡된 사랑(의지)을 치유해 주시는 그 사랑이 먼저 앞서야만 된다. 이 사랑의 카리타스의 사랑인 것이다. 그러나 그 뜻은 헬라어인 아가페와 같은 것이다. 아가페의 사랑을 신학자들은 다양하게 표현한다.

라인홀드 니이버(Reinhold Niebuhr)는 십자가의 사랑을 말한다. 그는 예수 그리스도의 십자가에 나타난 완전한 사랑인 아가페가 인간성의 궁극적인 규범인 것이라고 말한다. 그러한 사랑은 자신을 추구하는 것이 아니라, 희생적이고 자발적으로 이웃의 이익을 추구한다는 것이다.

신약성경의 예수 그리스도의 십자가 사건에게 나타난 모든 이웃을 위하여 자신을 희생한 고통 받는 사랑이 바로 윤리의 절정이요, 신적인 완전함의 본질인 것이다.

---

[133] *De civ. Dei.*, XXII, 20.
[134] *De ver. rel.*, XXXXVI, 87.

따라서, 신앙 없이는 인간의 역사는 활력적인 상호 관계를 가질 수 없으며 인간은 오로지 진실 된 의미로서 계시와 자기 인식을 통해서 회복될 수 있기에, 아가페 사랑만이 기독교 윤리의 규범이 된다는 것이다. 희생적인 사랑인 아가페가 인간 행동의 규범과 동기로 나타날 때에 그것은 모든 욕망을 정화시키고 회심과 변혁의 가능성이 된다.

이것은 구체적으로 예수 그리스도의 십자가 사건에 잘 나타나 있다. 십자가의 사건에서 그리스도는 완전한 형태를 가진 사랑으로 나타났으며, 동시에 하나님의 사랑과 역사의 의미, 그리고 인간의 파괴성, 사랑이 없는 인간의 모습이 나타났다.[135]

에밀 브루너(Emil Brunner)는 사람들이 살아가는 세상 속에서 어떠한 행동들의 규범보다도 아가페 사랑이 우위에 있다고 본다. 브루너는 "예수 그리스도의 메시지는 역사적 사실의 메시지이다."

"말씀이 육신이 되다"라는 말씀은 하나님이 우리들을 전혀 어떠한 조건이 없이 사랑한다는 것을 의미한다는 것이며, 또한 이 '사랑'이라는 단어는 예수 안에서 "고통 받는 주의 종으로" 하나님이 우리에게 오신 사실을 통하여 새로운 사랑의 의미를 필요로 하는데, 그것은 사랑이신 하나님이 우리에게 그의 본성과 그의 의지를 계시하신다는 것이다. 그리스도로 계시되어진 하나님께서 우리를 죽기까지 사랑한 그 사랑은 친구의 가치를 보고 사랑하는 우애도 아니며, 자식을 사랑하는 어머니의 자애도 아니다.

신약성경 속의 하나님의 사랑은 브루너의 말처럼 하나님 나라의 원칙이며 이 "사랑은 모든 법률, 신앙과 희망까지도, 인간의 모든 언어 생활이 결부되어 있는 지식이 다 사라져 없어지더라도 홀로 남아 있는 사물이다"(고전 13:8)

---

[135] Reinhold Niebuhr, *Love and Justice* (Philadelphia: The Westminster Press, 1952), 12.

아가페의 사랑은 단지 개념적인 정의에 그치는 것은 아니다. 이것은 곧 인격적인 주체인 사람과의 관계에서 나타나야 하는 것이다. 사랑이 인격적인 주체와 관계하지 않는다면 그것은 무의미한 사상으로만 남게 될 것이다. 사랑 속에서 타자는 언제나 나에게 전제로서 주어지는 것이다. 그것이 사랑의 본질이다.[136]

폴 틸리히(Paul Tillich)는 사랑은 존재론적 개념으로서 신은 사랑이라고 할 때 존재 자체가 사랑이라는 것을 의미한다. 하나님은 사랑이다. 그리고 하나님이 존재 자체인 이상, 존재 자체가 사랑이라고 해야 한다. 하나님의 생명의 과정은 사랑의 성격을 가지고 있다.

그는 개별화와 참여의 존재론적인 양극성에 따라서, 모든 생명 과정은 분리에 대한 경향과 재결합에 대한 경향을 하나로 보았다. 이 두 경향의 깰 수 없는 경향은 사랑의 존재론적 본성이라고 하였다.

이 분리된 것의 재결합의 작용을 하는 사랑은 본래적 작용으로서 사랑을 거역한 것을 용서를 통하여 구원시키는 일과 비본질적인 작용으로서 사랑을 거역한 것을 파괴시키는 일을 하는 것이다.

만일, 우리가 하나님은 사랑이라고 말한다면 분리와 재결합의 경험을 하나님의 생명에 대하여 적응하는 것이 된다. 이러한 결함으로서의 새로운 창조는 예수 안에서 구체화되었다. 그리스도 안에서는 분열의 힘이 그와 하나님과의 사이에 그와 인류와의 사이에 그리고 그와 그 자신과의 사이에 이루어진 결합을 정복해낸 적이 없다.

틸리히는 그리스도 사건에서 나타난 이와 같은 재결합은 사람의 본질적인 모습이며 아가페 사랑의 완전한 의미가 된다고 하였다.[137]

---

[136] Emil Brunner, 『정의와 사회질서』, 전택부 역 (서울: 대한기독교서회, 2007), 171.
[137] Paul Tillich, 『사랑. 힘. 정의』, 남정길 역 (서울: 전망사, 1986), 113.

그들 학자를 통해서 분명한 것은 우리가 하나님을 사랑하게 된 것도 그가 먼저 우리를 사랑하시기 때문이며, 어거스틴적인 표현을 쓴다면, 우리가 하나님을 사랑하게 된 것은 하나님이 우리로 하여금 그를 사랑하도록 우리 안에 성령을 부어주시기 때문이다.[138]

그러므로 어거스틴의 카리타스(caritas) 사랑 개념은 아가페의 사랑에 근거하고 있으며, 인간이 하나님의 사랑에 연합될 때, 인간은 치유될 수 있는 존재임을 정확히 한다.

그러한 사랑 개념으로부터 어거스틴은 "당신이 명하시는 것을 행할 수 있도록 해주시고 당신이 원하시는 것을 명하소서"[139]라고 고백한 것이다. 그렇다고 하나님의 은혜는 인간의 사랑이나 자유의지를 말살하시지는 않는다. 오히려 하나님의 사랑은 인간의 왜곡된 의지와 사랑을 치유, 변화시켜 하나님을 진정으로 사랑하게 한다(enabling grace).

어거스틴의 사랑의 의미는 "하나님을 마음을 다해, 뜻을 다해, 힘을 다해 사랑하라"와 "네 이웃을 네 몸 같이 사랑하라"는 메시지를 담고 있다.[140]

그러나 사랑하기 전 어떻게 사랑해야 하는 것을 구체적으로 제시한 것이 카리타스의 사랑 체계이다. 이런 점에서 어거스틴의 사랑 개념, 카리타스(caritas)의 의미에는 사랑의 방향성, 사랑의 관계성, 사랑의 거룩성을 내포하고 있다고 본다.

---

[138] *De trin.*, XV, 19, 37. 성경이 하나님은 사랑이시라고 선언하며, 사랑은 하나님에게 난다고 하며, 사랑이 우리 안에 역사해서 우리가 하나님 안에 거하고 하나님이 우리 안에 거하신다고 하며, 하나님이 그의 성령을 우리에게 주시므로 우리는 이 일을 안다고 선언하므로, 그 성령 자신이 곧 사랑인 하나님이시다.

[139] *Conf.*, X, 29, 40.

[140] *De doct. chr.*, I, 22, 20.

제5장

카리타스와 교제의 사랑

어거스틴의 사랑 개념에는 세 가지의 하나님과의 교제 경험을 바탕으로 한다.

첫째, 어거스틴에게 존재 자체를 순간 경험한 신비 체험이 있었다.[1]
영혼이 상승하여 하나님의 현존(現存)을 관상적으로 경험한다는 것이다. 영혼의 상승은 하나님께서 그들 안에서 활동하신 결과이기 때문에 경험하는 시간이 짧고 그들의 영혼은 충격을 받는다고 한다.[2]
어거스틴의 저서에서는 그러한 몰입의 신비 체험과 같은 기록은 찾아볼 수 없다. 그가 말한 "이리하여 눈 깜빡할 순간에 '존재 자체'(quod est)에 도달하게 되었습니다"[3]라는 표현이나 '말로 다 할 수 없는 단맛'이라는 기록 등을 플로티누스의 입장에서 이해해서는 안 될 것이다.

1　*Conf.*, IX, X, 25. "이러한 신비 체험은 우리 둘(모니카)이 그때 마음을 (당신을 향해) 집중하여 번쩍하는 순간적인 생각 속에서 모든 것을 초월한 영원한 지혜를 접하는 경험을 한 것 같습니다."
2　*Emeads*, XI, 9:3-11.
3　*Conf.*, VII, XVII, 23.

어거스틴의 신비 체험은 하나님과 인간 간의 차이를 흐리게 하거나 없애는 것이 아니라, 오히려 창조주와 피조물 사이의 차이를 더욱 강조하는 입장이라고 볼 수 있다. 그래서 학자들은 그의 신비주의의 체험을 가리켜 '교제의 신비주의'(mysticism of communion)라 말하기도 한다. 왜냐하면, 어거스틴의 신학적인 동기는 피조물(인간)이 창조주에게 절대적으로 의존된 관계라는 것을 말하려는 것이기 때문이다.[4]

둘째, 어거스틴은 하나님과의 교제의 가능한 근거를 삼위일체 하나님의 형상인 인간의 본성 안에 둔다는 것이다.

인간은 하나님과의 접촉을 지속해서 할 수 없다. 따라서, 어거스틴은 삼위일체 하나님에 대한 이해를 인간 정신의 탐구에서 시작하여야 함을 알게 되었다. 이에 대하여 큉(Hans Küng)은 우리가 하나님께서 참사랑임을 받아들일 때만 어거스틴의 삼위일체론에 대하여 올바르게 이해할 수 있다고 한다.[5]

셋째, 어거스틴은 하나님과의 신비의 교제 체험을 통하여 삼위일체 하나님께서 참사랑이고 참 지혜임을 깨닫게 되었다.

이 사랑을 친교라 정의한다.[6] 어거스틴은 성부와 성자를 결합시키는 '완전한 사랑'이 성령이요, 인간들을 성부와 성자, 하나님에게 연합하는 것이 사랑임을 알게 되었다.[7] 그러므로 그는 삼위일체 하나님에 대해 알기 위해서는 참사랑(*caritas*)을 알아야 하며, 하나님을 사랑하는 참사랑과 욕망

---

[4] *Conf.*, XI, XI, 17.
[5] 한스 큉,『그리스도교: 본질과 역사』, 이종한 역 (서울: 분도출판사, 2002), 238.
[6] *De trin.*, VI, V, 7.
[7] *De trin.*, VII, III, 6.

(*cupiditas*)을 구분해야 한다고 주장하였다.⁸

저자는 어거스틴의 이러한 신학적 바탕을 토대로 그의 사랑을 탐구하였다. 인간에 남겨진 생명, 존재, 지혜의 삼위일체의 흔적을 통하여, 어거스틴의 사랑의 개념 속에 내포된 사랑의 방향성, 사랑의 연합성, 거룩성을 고찰을 하고자 한다.

1. 사랑의 방향성

어거스틴의 사랑은 한마디로 표현한다면 질서의 사랑이다. 질서의 사랑 의미이다.

첫째, 바른 대상을 사랑하는 것이고,
둘째 바른 대상과의 연합이고,
셋째는 사랑하는 대상처럼 사는 것이다.

그의 사랑의 바른 대상은 하나님이다. 어거스틴은 인간의 영혼이 하나님께로 향하는 지향성(*intentio*)을 카리타스라는 독특한 말로 표현하다.

어거스틴의 사상은 신 중심적인 사상이다. 어거스틴의 사상은 전적으로 영혼과 신의 일치를 목적으로 하고 있으므로 그의 사상은 신 이외에 다른 핵심을 가질 수 없을 것이다.⁹ 어거스틴은 인간이 최고의 선에게로 가는 지향성의 방도를 인식의 질서 속에서부터 찾으려 하였다. 어거스틴은 사랑

---

8   *De trin*., IX, 8, 13, 24. Paige. E. Hochschild, *Memory in Augustine's Theological Anthropology* (United Kingdom Oxford University Press, 2012), 207-8.
9   *De lib. arb*., II, 9, 26.

의 방황 체험을 통해 인간의 내면에 일어나는 사랑의 욕구를 논리적이고 추상적으로 변증하였다. 그의 신 중심적인 사상은 존재론과 행복론에서만 나타나는 것이 아니라, 그의 지식론(인식론)에서도 잘 나타나 있다.

그에 의하면 감각적인 사물을 인식하게 될 때 태양의 빛 없이는 불가능한 것처럼, 추상적인 지식도 영계를 비추는 하나님의 조명 없이는 불가능하다는 것이다. 이것을 '조명설'(illumination theory)이라고 한다.[10]

이러한 어거스틴의 신의 조명설은 감각적인 경험의 추상에서부터 지식론을 전개한 아리스토텔레스나 아퀴나스의 '주지론'(intellectualism)과는 큰 대조가 된다.[11]

어거스틴은 사랑은 욕망이고 욕망은 전적으로 정신에 속하지 않기 때문에 정신은 판단을 위해서는 충분하지만, 사랑을 위해서는 충분치 않다는 것을 알았다. 인간에게는 지존한 선으로 향해가는 감각적 욕구가 있다. 이 욕구는 이성의 통제에 예속됨으로써 지존한 선을 더 잘 관상할 수 있도록 한다.[12]

그런 까닭에 모든 영혼은 정신만이 관상할 수 있는 것을 사랑하고, 이성에 의해서 밝혀진 사랑을 통해서 하나님께 도달하게 된다는 것이다. 그 목적

---

[10] *Conf.*, VII, 17, 23.
[11] F. C. Copleston, *Aquinas* (Baltimore : Penguin Books, 1963), 25-59. 어거스틴의 궁극적 관심은 깨달음과 관조가 아니었다. 그는 이러한 지적이해의 문제뿐만이 아니라, 그의 죄된 영혼이 죄로부터 돌아서는 회심의 문제와 인간의 머리와 지성으로써가 아닌 오직 하나님의 은총을 통한 완전하고 안전한 구원의 성취를 궁극적인 관심으로 삼았다.
하나님의 은총을 통한 구원이란 하늘 황제가 이끄는 군대의 보호를 받으며, 영원하고 평화로운 안식의 나라에 이르는 영혼의 여행으로서 진리와 자유가 보장된 세계로 가는 것이었다.
[12] 어거스틴은 이런 의미로 플라톤을 해석한다. 특별히 그는 이러한 진리를 알게 된 것 때문에 플라톤을 칭찬 한다: *De civi. Dei.*, VIII, 8. 게다가 그는 복된 진리 즉, 행복의 진리를 문제 삼는 순간에 진리의 획득을 '향유'로서 묘사하는 데 세심한 주의를 기울인다: 우리는 이들의 질료적인 의미를 강조하지 말하여 한다. 그것들은 진리 소유의 특징들을 표현해 주고 있다. 어거스틴은 이 특징들 안에서 행복의 형식적인 요소를 발견한다.

을 인식하는 것만이 어떤 의미에서는 바로 그 목적이 되는 것이다.

실제로 사랑의 경우에 사랑받는 대상은 어떤 방식으로든 사랑하는 주체에게 영향을 준다. 질료적이고 사멸할 것을 사랑하는 것은 인간을 사물화시키고, 파멸에 빠지게 하는 것이 쿠피디타스라고 말한다. 반대로 영원한 것을 사랑하는 것은 우리를 영원하게 하고 영원한 것을 사랑하는 것을 카리타스라고 한다.

영원한 대상을 찾아 헤맨 어거스틴의 관심은, 회심 전에는 하나님이 사랑의 대상이 아니었다. 그는 하나님 존재에 대한 확실성이 없었다. 하나님 존재의 확실성을 증명하기 위해서 그의 유명한 명제 "나는 생각한다. 그러므로 나는 존재한다"(*cogito, ergo sum*)를 데카르트보다 10세기 이상 앞지른 "만일, 내가 의심을 한다면 나는 존재한다"(*si fallor, sum*)라는 명제에서 사랑의 대상을 제대로 알고자 인식론적으로 탐구하기 시작한다.[13]

우리는 알려지지 않은 것을 사랑할 수 없다.[14] 영혼이 대상을 향하여 움직일 때마다 대상은 사전에 미리 나타내 보여야 한다. 그리고 참의 대상이거나 거짓 대상이거나 영혼이 사랑하는 것은 이러한 표상이다. 이것은 마치 영혼이 대상을 향할 때, 대상 전에 대상을 준비해 주는 이미지를 취하는 것과 같다. 영혼이 사랑하는 것은 이러한 이미지라는 것에 대해서 어떤 의심도 있을 수 없다.

만약, 대상이 영혼에 적합하지 않거나 영혼이 그것을 훨씬 능가한다면 눈을 돌릴 것이기 때문이다. 따라서, 우리가 발견하는 것은 언제나 우리가 기대하는 것은 아니고, 우리의 실망은 우리의 탐색 대상이 무엇인지를 드러내 준다.[15]

---

[13] *De lib. arb.*, II, 15, 39.
[14] *De trin.*, VIII, 5.
[15] *De ver. rel*,, XXXIV, 63.

우리가 기대한 것 우리의 영혼이 목표로 두는 이미지에 상응하는 대상을 만나면 "그것에 대해 나는 결국 당신을 사랑할 수 있을 것이다"라고 말하지 않고, "나는 오래전 당신(이미지)을 사랑했습니다"라고 말한다. 그러므로 알려지지 않은 것 자체는 결코 영혼의 대상이 '아니다'라는 것이 참이라고 보아야 할 것이다.[16]

만약, 영혼이 신 안에서만 선과 아름다움을 추구한다면 그리고 자신을 다스리는 신적 관념들과 닮음을 통해서 선하게 되고 아름답게 되는 것으로 만족한다면, 영혼은 자신의 고유한 위치를 지키게 되고 그것 자체를 잊어버릴 위험이 없을 것이다.

영혼의 자리는 '신(神) 아래 육체들 위에 남아있는 그것 자체'이기 때문이다. 그러나 영혼이 자기충족적이라고 주장하고 신으로부터만 받을 수 있는 완전성을 그 자체로부터 받았다고 주장하자마자 영혼은 신에게서 멀어지게 되고 육체적인 것으로 향하게 된다. 또한, 영혼이 성장한다고 주장할수록 그것은 완전성으로부터 축소된다. 그 이유는 영혼이 충만한 신으로부터 분리될 때 자신을 충만하게 할 수 없고 어느 다른 것으로도 그것을 만족하게 할 수 없기 때문이다.[17]

실제로 영혼은 자기 자신을 만족하게 할 수 있는 유일한 선의 결여하는 순간부터 영속적인 필요와 구제 불가능한 가난의 상태 속에 빠진다. 영혼은 감각적인 지식이 자신의 요구를 충족시키지 않을 것을 알지만, 감각

---

[16] 이러한 분석은 다음 것을 참조: *De trin.*, X, 1, 1-3. 결론은 다음과 같다: 미지의 것을 알기 원하는 정신 안에서 활동하고 있는 사랑은 미지의 것에 대한 사랑이 아니라 알려진 것에 대한 사랑으로서 그는 그것에 의하여 소유하지 않은 지식을 사랑한다.
즉, "그가 미지의 것을 알기를 사랑한다"는 명제는 "그가 미지의 것을 사랑한다"라는 명제와 같은 뜻이 아니라는 사실이다. 그 누구도 미지의 것을 알기를 사랑할 수는 있으나, 미지의 것을 사랑하는 것은 불가능하다.

[17] *De ver. rel.*, XX, 40.

적인 것에 전념하고 그것으로부터 끌어낸 쾌락으로 전전긍긍한다.¹⁸ 자신을 만족하게 하지 못하고 전보다 더 자신을 배고프게 하는 것들을 더 찾아 나선다. 결국, 영혼은 물체의 덧없는 아름다움을 붙좇다 기만당한다.

이런 종류의 긴 삶 후에도 영혼이 물질화된다고는 말할 수 없다. 영혼은 본질에서 순수 사유이고 자신의 본질을 상실할 수 없기 때문이다. 영혼은 물질적인 이미지에 압도되어 감각 작용을 산출하고, 그 결과 감각적인 것으로부터 그 자체를 구별하는 데 실패한다. 영혼은 자신이 산출한 이미지의 내용을 자신의 실체로부터 이끌어내야만 하기에, 최종적으로 그 자체와 그 자체를 사유하기 위해서 가져야만 하는 것과 동일시된다.

따라서, 영혼이 그것 자체를 탐색한다면 이것이 영혼에 부재한 것이라든가 알려지지 않은 것이라는 것을 의미하지 않는다. 그것은 현존하고 희미하게나마 알려지는 것이다. 영혼은 자신의 참된 본성을 감추게 하는 감각 작용의 가림막을 통해서 보다 명백하게 그것 자체를 보려고 한다.¹⁹

영혼은 자신을 덮고 있는 감각 작용의 막을 통해서 그 자신의 본질 찾고자 한다. 영혼은 그것의 참된 본질이 무엇인지 알지 못한다. 아직 그것을 탐색하고 있기 때문이다. 그러나 적어도 그것을 인식하는 것이 선하고 바람직하다는 것을 안다. 왜냐하면, 영혼은 그 본질을 발견하기 위해서 노력하고 있기 때문이다.

---

18 *De ver. rel.*, XXI, 41.
19 *De trin.*, X, 5, 7; X, 8, 11; X, 9, 12. 정신이 아직 그 자신에게 알려지지 않은 상태에서 그 자신을 알려고 열심히 추구할 때, 도대체 이 정신의 사랑의 대상은 무엇인가, 확실한 사실은 정신이 자기를 알려고 하여, 열심히 이 연구에 헌신하고 있다는 사실이다. 여기에 사랑이 있음이 분명하다.
그러나 그것은 무엇에 대한 사랑인가, 확실히 그것은 아직 그 자신에 대한 사랑이 아니다. 그 누구도 자신이 알 수 없는 것을 사랑할 수 없기 때문이다.

그렇다면 영혼은 그 본질을 터득하는가?

아직 그것 자체를 알지 못하는 영혼이 어떻게 그것이 감추고 있는 영혼의 기억 근저에서 영혼이 자신을 알고 있지 않다면 그것은 자신이 도달해야만 하는 어떤 목적, 평화, 완전한 안전과 탁월한 목적, 한마디로 행복에 도달할 수 없다. 그러므로 우리는 영혼이 감각을 넘어서 그것 자체의 더욱 순수한 이미지를 찾아 나서는 것은 단지 감추어진 그 자신의 현존 요구에 의해서가 아니라, 완전한 평화와 행복은 숨은 이상에 의하여 움직인다고 해야 할 것이다. 행복의 정의가 무엇이든지 간에 우리는 행복은 모든 삶이 바라는 어떤 것을 정신에 드러난다고 한다.[20]

모든 사람은 행복을 원한다. 그것을 원하지 않는 사람은 없다. 우리가 사용한 언어에 상관없이 행복을 언급하자마자 모든 사람은 그것이 본래 출중한 어떤 것이라는 것을 안다. 그래서 모든 사람은 그것에 대한 어떤 지식을 가지고 있다. 적어도 희미하더라도 그것이 무엇인지를 알고 있다.[21]

---

[20] *De trin.*, X. 3, 5. '나는 안다'라는 진술이 참이라면 지식이 무엇인가를 아는 것을 포함할 뿐 아니라 동일한 것이 '나는 모른다'라는 진술에도 -만일, 이것이 그것의 진리에 대한 지식을 가지고 확신 있게 그리고 진실 되게 진술된다면 - 포함될 것이다.
그리고 그럴 것이 화자(話者)가 만일, 그 자신의 정신을 들여다보면서 '나는 모른다'라고 말한다면, 아무것도 모른 사람(the ignorant)과 무엇을 알고 있는 사람(the knower)을 구별하지 않으면 안 되기 때문이다. 그리고 만일, 그가 자신이 진리를 말하고 있다고 하는 사실을 안다면, 그가 지식이 무엇인가를 알지 못한다고 하는 것이 어찌 가능할 수 있겠는가?

[21] 내가 어떻게 당신을 찾을 수 있습니까?
나의 하나님, 내가 당신을 찾는다고 할 때 사실은 행복을 찾고 있는 것입니다. 내 영혼이 살기 위하여 당신을 찾고 있는 것입니다(사 55:3). 왜냐하면, 내 육신은 영혼으로 말미암아 살고 내 영혼은 당신으로 말미암아 살고 있기 때문입니다.
그러면 내가 어떻게 해야 그 행복을 찾을 수 있습니까?
내가 행복을 망각 했어도 망각했다고 하는 것은 기억에 어렴풋이 남아 있기 때문에 나는 그것을 기억하여 그 행복을 찾는 것입니까?
그렇지 않으면 내가 전혀 알지 못하는 행복을- 그것을 전혀 알고 있지 않았든지 혹은 그 것을 완전히 망각하여 망각한 것조차 기억을 못하게 되어서 -알려고 하는 욕망 속에서 우리가 이런 행복 개념의 의미를 성찰하자마자, 행복이 다른 생각 즉, 진리의 개념으로부터 분리되지 않는다는 것을 발견한다. 실제로 사람이 진리의 인식보다 더 사랑하는 것은 없다. 사람들은 그들이 사랑하는 모든 것이 진리가 되기를 원할 정도로 진리를 사랑한다.[22] 행복이 진리를 함축하고 있지만 모든 진리가 행복을 산출하는 데 충분하지 않은 것도 마찬가지로 확실한 것처럼 보인다.

많은 종류의 참된 인식은 있으나, 그들의 어느 것도 우리를 만족하게 할 수 없다. 이러한 불완전함은 마치 하나의 인식이 인간에게 주지 못한 만족감이 다른 인식 때문에 주어질 수 있는 것처럼, 인간의 영혼은 끊임없이 대상으로부터 대상으로 옮겨 다니게 한다.

그 이유는 이런 탐색이 계속되는 동안 영혼이 진리로부터 진리로 인도된다 하더라도 정신에 평화가 있을 수 없고 행복도 있을 수 없기 때문이다. 인간이 진리로부터 끊임없이 고통스럽게 하고 불완전하게 하는 이러한 불안정성은 어떤 진리에 도달할 때까지 계속된다.[23] 그런데 평화는 불안정성에 뒤따라오고 안식은 운동 뒤에 따라온다. 안식을 동반한 평화는 성취된 행복이다. 어거스틴에게 행복한 삶은 진리의 기쁨이기 때문이다[24]

찾는 것입니까? 참조: *Conf*., X, 20, 29 ; X, 21, 30.
우리가 분석하고 있는 『고백록』에서 기억이라는 용어는 현대 심리학적 내용이 그리고 있는 것 즉, 과거의 기억임이 틀림없다. 그러나 어거스틴에 있어서 기억은 명확하게 알려지거나 지각 됨이 없이 영혼에 현존하는 모든 것에 적용된다. 어거스틴의 memoria와 동일한 현대 심리학적인 용어는 'unconscious' 또는 'subconscious'이다. 이들 역시 신과 같은 초월적인 형이상학적 실재를 포함하는 것으로까지 확대된다. 이러한 점에 관한 것은 다음 것을 참조: *De trin*., XIV, 6, 8-7, 10.

[22] *Conf*., X, 23, 34.
[23] *De ver. rel*., XIV, 83.
[24] *Conf*., X, 23. 34.

따라서, 인간 영혼이 자신에 대한 인식을 찾고자 할 때, 그것이 실제로 추구하는 것은 진리자체를 위해서만 욕망될 수 있고 추구될 수 있는 그런 진리이다. 이것은 최종적인 진리이다. 이것과 비해서 다른 진리들은 그것이 영혼의 지식일지라도 단지 수단에 불과하다. 그러므로 영혼이 자기를 인식하고자 하는 욕망은, 소유가 행복이 되는 궁극적인 진리가 영혼이 그것 자체에 현존하는 것을 넘어 영혼에 현존하는 것을 의미한다.[25]

어떻게 이런 진리가 영혼에 나타날 수 있는가?

우리는 이것을 설명하기 위해 기억의 개념에 의지해야 한다. 기억은 감각적 질서로부터 지성적인 질서로 넘어갈 때보다 놀랍게 나타난다. 우리는 우리가 간직한 회상의 수에 놀란다. 우리는 과거의 기억보다 더 광대한 현재의 기억이 있다고 말해야 한다.[26] 우리가 생각하지 못하나 알고 있는 모든 것이 기억에 적용될 수 있다. 그 결과 여기서도 영혼은 자신의 깊이를 헤아릴 수 없는 것으로 나타난다.[27]

따라서, 우리는 기억을 확장해서 그것이 사물들과 관념들, 과거와 현재를 포함하도록 했고, 심지어는 그것 자체도 포함하도록 했다.

그렇다면 우리는 그것을 확장해서 신까지 포함할 수 있는가?

---

[25] *Conf.*, X, 23, 33. "내가 사람들에게 진리 안에서 기뻐하겠느냐, 아니면 거짓 안에서 기뻐하겠느냐고 물으면 모두 서슴지 않고 대답하기를 '진리 안에서'에서 기뻐하겠다고 할 것입니다. 왜냐하면, 참 행복은 진리 안에서 기뻐하는 것이기 때문입니다. 그것은 곧 진리이신 당신 안에서 기뻐하는 것이기 때문입니다."
하나님은 인간 존재와 진리와 행복의 근원이 되신다. 그러므로 인간이 존재와 행복의 근원이신 하나님 안에서 기뻐할 때 행복하게 된다고 어거스틴은 고백하고 있다.

[26] *Conf.*, X, 8, 12-15. 지각된 사물의 영상들만이 말로 표현할 수 없이 무수한 구석을 가지고 있는 기억의 창고에 간직해 있다가 그것을 기억하는 사람의 생각에 떠오르게 되는 것입니다. 이 기억의 힘은 위대합니다. 기억의 재생산에 관한 심리학적 분석은 다음 것을 참조: *De trin.*, XI, 7, 11.

[27] *De trin.*, XV, 21, 40.

우리는 어렵지 않게 긍정적으로 대답할 수 있다. 신의 존재에 관한 인간의 지식은 신앙에 의해서 가르쳐졌던지 이성에 의해서 논증이 되었든지 간에 다른 인식과 같이 기억의 부분이 되고 인간이 그것을 기억한다.[28]

어거스틴은 이 점에서 단순히 신에 대한 우리의 관념이 기억 속에 발견되는가 하는 것이 아니라 신 자신이 기억 속에서 발견되느냐고 물어진다면 문제가 몹시 어려워진다고 한다. 신은 물질이 아니므로 물질적인 사물에 대한 우리의 기억 속에 있을 수 없고, 그는 우리의 정신이 아니라 정신의 주인이기 때문에 우리 자신의 기억 속에 있을 수 없다.[29] 우리는 그를 알 때까지 기억할 수 없으므로 신은 우리가 가진 기억 속에 있을 수 없다. 신은 우리 안에 있는 것이 아니라 우리가 신 안에서 발견된다.[30]

지속적이나 아주 드물게 느껴지는 신의 현존을 아는 것은 어거스틴은 '신을 기억하기'라고 부른다.[31] 신을 기억하는 것은 그를 과거의 이미지로 파악하는 것이 아니라 그의 지속적인 현존에 주의를 집중한다는 것을 의미한다.[32] 신을 기억하는 것은 우리 눈이 빛으로부터 멀리 돌아설지라도 눈을 때리는 지칠 줄 모르는 빛을 향하여 다시 향해가는 것을 의미한다.[33]

---

[28] *Conf.* X, 9, 16; 기억은 자기 마음에서 이렇게 발견하여 간직해 놓은 것들을 많이 가지고 있습니다. 이것을 가리켜 우리는 그것들에 대하여 배워서 알게 된 것이라고 말합니다. 그러나 내가 잠깐이라도 그것들을 생각하지 않으면 그것들은 또다시 기억의 깊숙한 구석으로 흩어져 들어갑니다. 안다는 것은 흩어져 있는 것들을 거두어 모은다는 것입니다. 여기에서 생각한다는 말이 나온 듯합니다.

[29] *De trin.*, X, 7, 10.

[30] *De ver. rel.*, XXXIX, 73.

[31] *Conf.*, X, 25, 36. "영혼이 성령을 받아 그 자신의 주를 바로 기억할 때 영혼은 완전하게 그를 인식한다." 이것은 내적인 가르침에 의해서 그에게 알려졌기 때문이다.

[32] 영혼은 주를 신으로 기억한다. 왜냐하면, 신은 항상 존재하기 때문이다.

[33] *De ver. rel.*, XXXIX, 72. 영혼은 빛으로부터 멀어져도 영혼을 감동시키는 주에게로 돌아가도록 요구된다.

영혼이 그 자신을 탐색할 때 그것 자체를 넘어서서 모든 인간이 바라는 행복이 솟아 나오는 진리를 찾을 때, 영혼이 무엇인지도 모르고 추구하는 것이 바로 신이다.[34] 영혼은 자신의 기억 한계를 넘어서서 신에게로 향하고[35] 그의 영속적인 진리 안에서도 신에게 도달하고자 한다.[36]

그러나 영혼이 신을 향하여 움직이는 것은 영혼 자체가 자신의 육체에 생명을 주는 것처럼 신은 그와 함께 내면으로부터 자신을 살아있게 하기 때문이다[37] 그러므로 신은 생명의 근거인 영혼의 원천이고 이러한 신은 우리

---

[34] *Conf.*, X 20. 29. "오! 주님, 그러면 내가 당신을 어떻게 찾을 수 있습니까? 나의 하나님, 내가 당신을 찾는다고 할 때 사실은 행복을 찾고 있는 것입니다" (어거스틴에 의하면 하나님을 찾는 것은 바로 행복을 찾는 것과 같다.
왜냐하면, 하나님이 바로 그 행복의 근원이기 때문이다. 따라서, 하나님을 향해서, 하나님 안에서 사는 삶이 바로 행복한 삶인 것이다. 참조: *Conf.*, I, 1, 1; X, 22, 32.

[35] *Conf.*, X, 20, 29.

[36] *Conf.*, X, 24, 35. "내가 처음으로 당신을 알게 된 이후 당신을 잊어본 적이 없습니다. 그것은 내가 진리를 찾은 그곳에서 진리 자체가 되신 나의 하나님을 찾았기 때문입니다. 따라서, 나는 진리를 처음으로 알게 된 이후 계속 당신은 내 기억(의식) 안에 임재하여 계셨습니다."
하나님이 내 기억 안에 계신다 함은 내가 하나님의 존재를 의식한다는 의미이다. 이것을 Tillich는 하나님의 존재에 대한 'immediate awareness'라고 말했다. 인간의 기억은 하나님을 의식하고 그와 접촉할 수 있는 접촉점, 혹은 통로가 된다. 그러므로 하나님에게 나아가는 길은 밖에서 인간의 혼 안으로, 혼에서 하나님에게로 초월해 올라가는 길인 것이다. 선한용 역 『어거스틴의 고백록』345. 각주 인용.

[37] *De civ. Dei.*, XIX, 26. *De ver. rel.*, XXXIX, 71. "진리께서는 인간을 취하셨는데, 그 인간에게는 우리에게 경고하는 뜻으로 삼중의 유혹을 나타낸바 있다. 유혹자는 말했다: 이 돌더러 빵이 되라고 해보십시오. 그러나 한 분밖에 안 계시는 저 스승께서는 사람이 빵으로만 사는 것이 아니라 하나님의 말씀으로 살리라고 하셨다. 이렇게 해서 굶주림에도 무너지는 일이 없도록 쾌락의 정욕을 다스려야 한다고 가르치신 것이다. 허나 육체의 정욕에 넘어가지 않는 사람도 현세적 지배에 넘어갈 수는 있었다.
그리하여 세상의 모든 나라를 보여 주고서 이렇게 말했다: 당신이 내 앞에 절하면 이 모든 것을 당신에게 주겠소 그에게 이런 대답이 나왔다: 주님이신 너의 하나님을 경배하고 그 분 만을 섬겨라. 그렇게 해서 오만이 제압되었다. 그러고는 마지막 호기심의 기만도 극복 되었다.
(유혹자)는 그저 무엇을 시험해 볼 요량으로 성전 꼭대기에서 뛰어내리라고 재촉한 것이다. 그러나 이 경우에도 그분은 패하지 않으셨다. 하나님을 인식하는 데는 이리 저리 유

의 생명의 생명이다(*vita vitae nostrae*).[38]

우리 안에서 가장 내면적인 것인 우리들의 영혼보다 내면적이고 정신 가운데서 가장 최고인 진리보다 우월한 신은 우리가 가장 심오한 것을 넘어서서 있는 것이고 최상의 것으로 가지고 있는 것보다 우월한 것이다.[39] 신은 우리의 마음의 빛(사랑)이고 우리 영혼을 먹이시는 양식(생명)이고 우리 정신과 내적인 사유들을 열매 맺게 하는 능력이다.[40] 그러므로 어거스틴은 우리의 일은 그를 증명하는 것이 아니라 그를 발견하는 것이다.[41]

그러나 영원한 진리이신 하나님을 사랑하고 소유함으로써 가능하다고 하였는데, 과연 그것이 실제로 가능한가 하는 문제이다. 이에 대하여 어거스틴은 부정적인 태도를 보인다. 인간이 자기의 힘으로 하나님을 사랑하고 그에게로 올라가기는 불가능하다는 것이 그의 지론이다.

혹해서 굳이 눈에 보이게 신적인 것을 탐색할 필요가 없다는 답변이었다: 주님이신 너의 하나님을 시험하지 말라.
그러므로 하나님 말씀에 내적으로 양육을 받은 사람은 이 광야에서 쾌락을 찾지 않고, 한 분이신 하나님께만 속하는 사람은 산 위에서, 다시 말해 지상적인 출세에서 허세를 차지 아니한다. 불변하는 진리의 영원한 장관을 바라보고 있는 사람은 이 육체의 꼭대기를 통해서, 곧 이 눈을 통해서 잠시적이고 저급한 사물을 알아보고자 뛰어내리지 않는다."

[38] *Conf.*, VII, I, 2; X, 6, 10. 그러나 내 영혼아 이제 내가 너에게 말하노라. '너는 (내 안에 있지만) 나의 가장 우수한 부분이다. 너는 육체가 육체에게 절대로 부여하지 못하는 생명을 네 육체에서 죽였다. 그러나 네가 네 육체의 생명이 된다면 너의 하나님은 너에게 생명을 주는 생명의 생명이다'(어거스틴은 하나님은 영혼의 생명이요, 영혼은 육체의 생명이라는 것이다). 그러므로 영혼이 떠나면 육체가 죽는 것과 같이 하나님을 떠난 영혼은 죽은 것이다. 참조: *Conf.*, III, 6, 10; 10, 20, 29.
[39] *Conf.*, III, 6, 11.
[40] *Conf.*, I, 13, 21. 오, 하나님, 당신은 내 마음의 빛이 되시고 내 영혼의 입에 음식이 되시며 내 마음과 내 생각의 심연을 연결시켜 주시는 힘이 되십니다. 참조: *De civ. Dei.*, X, 3, 2.
[41] *De ver. rel.*, XXXIX, 73.

헬라 철학이 말하는 하나님으로의 상승의 길, 즉 에로스(eros)의 길은 인간의 피조물성과 죄성(罪性) 때문에 막혀 있다.[42] 다만 남아있는 길은 하나님으로부터의 길, 즉 하나님의 사랑과 은총이 피조물이요 죄인인 인간을 찾아와 인간이 하나님을 사랑하고 소유하도록 하는 길뿐이다.

여기에 어거스틴의 그리스도교 사상의 핵심이 있다. 하나님의 은총이라는 것은 헬라 철학자에게서 찾아볼 수 없는 큰 신비라고 그는 보았다. 그러므로 처음에는 신플라톤주의의 영향을 많이 받았지만, 나중에는 그것과 고별하고 성경, 특히 바울서신, 요한의 기록, 시편에 관심을 기울여 영감과 해답을 얻을 수 있었다.[43]

인간은 무로부터 생긴 창조물로서 근본적인 불충분성을 본래 가지고 있다. 인간은 존재의 질서상 자기충족적이지 않기 때문에 인식의 질서 또는 행위의 질서에서 자기 창조적일 수 없다.[44]

그러나 그가 고통 받는 결핍은 신에게로 그를 인도한다. 신만이 홀로 결핍을 채울 수 있기 때문이다. 따라서, 불안정성은 인간을 지속해서 고통스럽게 하나 그를 구원하기 위해서 소용된다. 결국, 인간의 불안정성은 신에게로 향하게 하고, 그것은 인간이 신 안에서만 평화와 안식을 발견하도록 허락한다는 이유이다.[45]

---

[42] *De ver. rel.*, XXI, 41.
[43] *De civ. Dei.*, X, 32.
[44] 이 점에 관하여는 다음 것을 참조: *De civ. Dei.*, XI, 25. 우리의 사랑도 우리자신에게서 출발하여 우리 자신에게 돌아올 것이므로 우리를 넉넉히 행복하게 만들 것이며 우리 이외의 것을 즐길 필요가 없다. 그러나 실제로 우리의 본성을 만든 이는 하나님이시므로 우리는 지혜를 얻기 위해서 하나님을 선생으로 모시며, 행복하기 위해서 하나님으로부터 내면적인 즐거움을 풍성하게 받아야 한다.
[45] *Conf.*, I, I, I. "당신은 우리를 당신을 향하여(ad te) 살도록 창조하셨으므로 우리 마음이 당신 안에서(in te) 안식할 때까지는 편안하지 않습니다." '당신을 향해서' ad te란 표현은 인간의 본래적인 사람을 말하는 것이다.
이와 반대는 하나님에게 등을 돌리는 -a te 혹은 abs te- 하나님으로부터의 소외, 분리이

신은 인간의 공허와 무에 빛을 비추어서 하나님에게로 향하게 한다. 이러한 것이 어거스틴이 내적인 삶의 영역에서 보여 주고자 하는 기초적인 진리이고 그 자신의 고통스러운 경험의 열매이다. 어거스틴의 말에 의하면 "신의 조명이라 함은 말씀 즉, 인간 빛인 생명에 참여하는 것이다"[46] 어거스틴적인 신의 조명은 인간에게 생명을 주는 카리타스의 사랑이다.

신은 자신을 카리타스를 통해 자신을 알게 하시고, 카리타스의 사랑은 우리가 신을 향해 나가도록 방향을 제시하신다. 영혼의 공허로 인한 오랜 삶의 고통의 경험을 통해 신은 먼저 우리에게 다가오시고, 먼저 신을 스스로 알리시고, 우리의 영혼을 재탄생시키신다는 것이 어거스틴의 사랑 개념이다.

19세에 키케로의 『호르텐시우스』라는 책을 읽고 철학에 관심을 두게 되었고, 악의 문제를 해결하기 위하여 마니주의에 심취해 보기도 했으며, 플라톤주의자들의 책을 읽고 마니주의의 이원론과 회의론을 극복할 수 있었고, 암브로시우스의 성경 해석과 설교를 듣고는 그리스도교로 전향하기도 하였다. 그러나 자신이 깊이 빠져 있는 죄의 흙탕물에서는 빠져나올 수가 없었다. 자신의 모든 이론과 노력이 파산을 당해, 마음은 원하되 그대로 행치 못하는 자신의 무능력을 그는 깨닫게 되었다.

이러한 상황에서 그는 밀라노의 정원에서 마음의 변화(회심)를 경험한 것이다. 이제 그는 하나님을 사랑하게 되었다. 이처럼 자신이 하려고 원해도 할 수 없던 일을 하게 되었을 때, 어거스틴은 이것을 하나님이 자신을 택하시고 자신 안에서 역사하시는 은혜(사랑의 선물)로 받아들였다.[47]

다. 회심이란 abs te의 삶에서 ad te로 전향하는 것이다. 그리고 기독교인의 삶의 순례는 마지막으로 '당신 안에서' in te-안식하는 것이다.

[46] De trin., IV, 2, 4.
[47] Conf., X, IV, 6.

그것뿐 아니라 이러한 체험의 관점에서 하나의 택하심, 예정, 섭리의 손이 자기도 모르게 역사하고 계셨음을 믿게 되었을 것이다. 그러므로 그의 예정론을 철학적인 사색을 통하여 결론으로 도출한 결정론으로 이해해서는 안 된다. 그것은 하나님의 은혜를 경험한 사람의 신앙고백이요, 그 고백을 토대로 세상에서 순례하는 그리스도인들의 소명[48]을 해석해보려는 그의 신학적 시도라고 보고 싶다. 요한에 따르면 카리타스는 근본적으로 신의 선물이기에 그것은 신 자신이다.[49]

그렇다면 우리가 그것을 받지 않았다고 할 것인가?

다만, 카리타스를 받아들임에 있어서 우리가 신을 받아들인다면, 왜 우리는 세상에서 미래의 행복에 대한 보증을 소유할 수 있다는 것에 놀라야만 하는가?

신은 마치 그가 하늘에 있는 것처럼 은총에 의해서 우리 안에 계신다.[50] 신은 은총을 통해 우리에게 신을 더 사랑하도록 하는 사랑을 준다.[51] 결국, 우리는 신이 먼저 우리를 사랑했다는 이유에서 신을 사랑한다.[52] 다른

---

[48] *Conf*., X, 43, 70. "나는 내 죄악과 비참의 무게로 인해 괴롭고 떨리어 광야로 도망칠까 하는 생각을 마음에서 해보았습니다. 그러나 당신은 이러한 나의 생각을 금하시고 나를 위로하시면서 "그리스도가 모든 사람을 대신하여 죽으심은 산자들로 하여금 다시는 저희 자신을 위하여 살지 않고 오직 그들을 대신하여 죽었다가 다시 살아나신 이를 위하여 살게 하려 함이니라(고후 5:15)고 말씀하셨습니다.
오! 주님, 이제부터는 내가 살기 위해 내 모든 근심을 당신께 맡기고 당신의 법의 기이한 것을 상고하겠습니다(시 119:16)."

[49] 하나님의 선물 가운데서 사랑이 제일 귀하다. *De trin*., XV, 18, 32.

[50] 그러므로 성경이 하나님은 사랑이시라 선언하며, 사랑은 하나님에게 난다고 하며, 사랑이 우리 안에 역사해서 우리가 하나님 안에 거하고 하나님이 우리 안에 거하시게 한다고 하며, 하나님이 그의 성령을 우리에게 주시므로 우리는 이 일을 안다고 선언 하므로 그 성령 자신이 사랑인 하나님이다. *De trin*., XV, 19, 37.

[51] *De lib*., *arb*., III, 13, 37.

[52] *Conf*., XI, 2, 4. "당신의 아들이요, 당신의 우편에 계신 자이시며, 인자(人子)이신 우리 주 예수 그리스도의 이름으로 당신께 구합니다. 당신은 그를 우리 사이의 중보자로 삼으시어 우리가 당신을 찾지 않을 때 그를 통해 우리를 찾으셨습니다.

곳보다 여기서 신은 내면으로부터 영혼에 운동과 생명을 준다.

그러므로 어거스틴의 카리타스(caritas)는 우리를 은총으로 만나주시는 사랑에 응답하는 사랑의 방향성을 제시하는 것으로 본다.

본 저자는 어거스틴의 사랑 개념을 통하여 그가 가리키는 손끝 "생명은 주께 있음"이라는 그의 사인에 집중하게 된다.

2. 사랑의 연합성

어거스틴의 사랑에서 중요한 것은 의지의 연합이다. 어거스틴은 사랑은 두 개의 사물(인간)을 연결하고 연결하려고 하는 일종의 운동(의지)이라고 하였다. 사랑하는 대상을 만나 어떻게 연합할까?

그 사랑의 방법을 어거스틴은 존재론적으로 제시한다.

세계에는 '존재의 계층'(hierarchy of being)이 있다.[53] 모든 영원한 본질들과 이 본질들에 참여하는 시간적인 사물들의 총체는 더욱 높고 낮은 실재들의 계층을 형성한다. 그리고 이 계층들의 비롯된 관계들은 어거스틴이 질서라고 부르는 것을 구성한다.[54]

자연은 필연적으로 우리가 질서라고 부르는 것을 구성한다. 인간 자신은 자연 일부분인 신적 질서 종속되고 그것을 벗어날 수 없다. 그러나 인간

아니, 당신은 우리로 하여금 중보자로 삼으시어 우리가 당신을 찾지 않을 때 그를 통해 우리를 찾으셨습니다. 그는 당신의 말씀으로서, 그를 통해 당신은 모든 것을 창조하셨으니 나도 들어 있습니다. 그는 당신의 독생자로서, 당신은 그를 통해 믿는 사람들을 불러 당신의 양자로 삼으셨으니 그 안에 나도 들어있습니다. 내가 이제 당신의 우편에 앉아 계시어 우리를 위하여 간구하시는 자(롬8:34)의 이름으로 간구합니다."

[53] *Conf.*, VII, 12, 18.
[54] *Conf.*, VII, 13, 9

의 의지에 의존하는 행위들은 신적인 질서에 의해서 필연적으로 움직여지는 대신에 그들 자신의 목적을 갖는다.

이 목적은 신적(神的) 질서를 실현하는 것이다. 이것은 법칙에 종속하는 것이 아니라, 법칙을 기꺼이 실천하려는 것이고 성취하려는 것이다. 이제 인간이 법칙을 아는 것에서 끝나는 것이 아니라 이것을 원하는 것인가 하는 것이 문제가 된다.[55] 이 중요한 결정이 의존하는 힘은 의지 이외에 다른 것이 아니다. 이 능력이 하는 역할은 매우 중요하다.

우리가 실천적인 질서 안에서 취한 모든 규정과 결정은 그 의지에 의존할 뿐 아니라 이론적인 질서 있는 인식적인 능력의 모든 작용도 의지의 직접적인 통제 아래 있기 때문이다. 그러므로 사실 의지가 인간이므로 의지 자체와 구분된 의지가 인간 자체와 구분된 한 인간이라고 말하는 것은 과장 된 이야기가 아니다.[56] 어거스틴은 그의 질서 개념에 의지의 역할을 그 특징으로 둔다.[57] 의지는 감정의 질서와 인식 자체의 질서에 영향을 주기 때문이다.

영혼의 모든 감각적인 움직임들은 네 가지의 근본적인 감정으로 환원된다. 즉, 욕망(*cupiditas*), 기쁨(*laetitia*), 두려움(*metus*), 슬픔(*tristitia*)이다. 욕망

---

[55] *De lib. arb.*, II, 1, 3.
[56] *De lib. arb.*, VI, 21. 불행하게 존재하기보다는 차라리 존재하지 않기를 바라는 더 원하는 사람은, 결국 존재하지 않을 도리가 없으므로, 마치 불행하게 존재하기 위해 계속 존재를 하는 결과가 되고 만다. 그 대신 불행하게 존재하기를 싫어하는 마음보다 존재하는 것 자체를 좋아하는 마음이 더 큰 사람은 사랑하는 것에 매달리다 보니 미워하는 것으로부터 떨어지게 된다. 자기 나름대로 완전하게 존재하기 시작하는 가운데 더 이상 불행하지 않게 될 것이다.
인간의 행복에의 의지(voluntas beatitudinis) 덕분에 자기보다 못하고 잠세적인 것들을 향하는 사랑에서 돌이켜 영원하고 불변하는 사물을 향하는 사랑으로 돌아섬으로써, 자기가 존재하는 그 처지에서 위로 상승하는 기회를 타고 난다.
[57] *Conf.*, VIII, 5, 11. "육체의 소욕은 영을 거스리고 영이 원하는 것을 육이 거스른다(갈 5:17)는 뜻을 이해하게 되었습니다." 어거스틴은 '영과 육'을 플라톤이 말한 것처럼 존재론적-이분법-으로 보지 않고 인간학적으로 해석한다. 그는 하나님을 향한 인간의 의지-삶-를 '영'이라 말하고 반대로 등을 돌리는 의지-삶-를 '육'이라고 말한다.

은 의지를 어떤 것으로 향하게 하는 움직임에 동의하는 것이다. 기뻐하는 것은 얻어진 대상을 소유함으로 만족해하는 것이다. 두려워하는 것은 어떤 대상 앞에서 옴츠려 들고 그것에게서 벗어나고자 하는 의지의 움직임에 굴복하는 것이다. 슬픔을 거부하는 것은 지속하는 움직임에 굴복하는 것이다.

따라서, 영혼의 움직임은 따라서, 영혼의 모든 움직임은 획득되어야 하거나 보존되어야 하는 선을 향하거나 피해야 하고 멀어져야 할 악으로부터 멀어지거나 하는 것이다.[58]

그러나 어떤 것을 얻고 보존하고자 하는 영혼의 자유로운 움직임은 의지 그 자체이다.[59] 그러므로 영혼의 모든 움직임은 의지에 의존한다. 만약 지각하는 의지가 차츰 강렬하게 된다면 산출되는 것은 감각 작용만이 아니고 사랑과 욕망, 그리고 육체 전체에 영향을 줄 수 있는 지각의 참된 움직인 것이다.[60]

의지는 감각 작용들을 유지하고 회상들을 고정함으로써 저장된 상들을 결합하고 분리하고 그 결과 그 의지가 원하는 대로 가장 다양한 조화 속에서 그 상들을 다시금 사용한다. 이런 이유로 의지를 어떤 오류들의 근원이라고 할 수 있다.[61]

---

[58] De civ. Dei., XIV. 6
[59] Conf., XII, 16, 22. "사악이란 무엇인가? 추구한 결과 내가 알게 된 것은 사악이란 어떤 실체가 아니고 의지의 왜곡이라는 것이었습니다. 의지의 왜곡이란 그 의지가 최고 실체이신 하나님으로부터 돌아서서 자신 안에 깊이 놓여 있는 보배를 버리고 낮은 부분으로 떨어져 밖으로 잔뜩 부풀어져 있음(교만)을 말합니다."
[60] De trin., XI, 2, 4-5.
[61] De trin., XI, 10, 17. 그러나 만일, 우리가 지각한 것만을 기억하며, 기억한 것만을 생각한다면, 거짓된 것을 생각하는 때가 많은 것은 무슨 까닭인가?
우리는 지각 한 것들을 확실히 잘못 기억하는 것은 아니다. 그러나 의지가 작용하는 것이다. 나는 이 의지에 대하여 그것은 결합하며 분리한다는 것을 밝히려고 전력을 다했다. 우리가 기억하지 못하는 것을 생각해 내기 위해서 의지는 우리의 마음의 눈을 기억의 창고로 향하게 해서, 거기에 감추어져 있는 것들을 마음껏 수색하게 하며, 우리 기억에 남

만약, 의지가 감각을 불러일으키는 활동적인 힘이라면, 의지는 또한, 이성적인 인식을 일으키는 힘이다. 우리는 인식에 대한 강한 욕망을 탐구라고 부른다. 이것은 지식을 얻게 하는 앎에 대한 열정적인 의지에 대한 정확한 묘사이다.[62] 모든 영혼의 작용이 우리의 의지적인 결정들에 의존하기 때문에 의지가 인간 자체라고 말하는 것을 부정할 수 없다.

어거스틴은 이런 의지의 원리를 아리스토텔레스의 자연학과 유사한 방식으로 인간과 그의 의지에 대해 생각한다. 물체에 있어서처럼 영혼에 있어서도 그것을 끊임없이 잡아당기고 계속적으로 움직이게 해서 안식의 장소를 찾게 하는 힘(무게)가 있다. 이 힘(무게)이 바로 사랑이다.

아있는 것들을 여기저기서 모아 한 시상을 만들게 한다.
이 결과는 거짓된 것이 아니다. 외부의 물체계에 없거나 기억에서 본든 것이 아니기 때문이다. 모든 것을 기억에서 얻어다가 우리가 원하는 대로 여러 가지 방법과 모양으로 배열한다. 우리는 기억한 것이거나 기억한 것을 재료로 삼은 것이 아닌 어떤 물체를 생각하지 못한다.
어거스틴의 의식 구조는 다음과 같다. ('형상'에 대한 그의 용어는 'species'이며 '나타남'이란 뜻이다) (I) 물체를 나타남=외부의 대상(외면적으로 나타남). (II) 감각된 나타남=감각(감각 기관을 위한 나타남). (III) 심적인 나타남 **첫째** 형태=현재의 지각. (IV) 심적 나타남의 **둘째** 형태=기억된 지각. 대상의 이 세 '나타남'을 의지가 하나로 종합하며 대상과 연결한다고 한다.
의지는 어떤 특수한 의지 작용이라는 뜻이 아니고, 자아의 자연발생적 작용을 의미한다. 칸트(Kant)가 말하는 오성(五性)의 구조적 작용(mechanism)과 같다. 즉, 마음이 경험적으로부터 이성적 개념으로 올라갈 때에 사고의 범주들을 사용하는 것과 같다. 김종흡, 『삼위일체론』, 312. 각주 인용.

[62] *De trin.*, IX. 12. 18 ; 탐구(조사)는 발견하려는(*reperiendi*) 욕망이다. 탐구하는 데는 욕망(*appetitus*)이 잠재하며 그 욕망은 찾는 사람에게서 나온다. 그리고 욕망이 향하고 있는 목표에 도달하기까지 일종의 불안 상태에 있으며, 종점에 도달해서 찾는 것이 발견되며 찾는 사람과 결합되어야만 쉬게 된다. 그리고 이 욕망, 탐구(조사)는 사랑과 같지 않다. 즉, 알려진 것을 사랑하는 그 사랑과 같지 않다.
이 경우에 우리는 아지 알려고 애쓰고 있기 때문이다. 그러나 그것은 사랑의 종류와 같다. 찾는 사람은 발견하기를 원하는(*vult*) 것이므로, 그 욕망은 소원(*voluntas*, 또는 의지)라고 부를 수 있다.

그는 "나의 무게는 나의 사랑이다," "내가 태어난 곳이 어디든지 그것에 의해서 나는 태어났다"[63]라고 말한다.

이것으로부터 인간은 의지적인 행동의 본성에 대한 중요한 결과들을 끌어낼 수 있다. 만약 사랑이 의지를 움직이는 내면적 힘이고 의지가 인간을 뜻한다면, 인간은 본질에서 그의 사랑에 의해 움직여진다는 것이다.[64] 인간에게 사랑은 우발적이고 첨가된 어떤 것이 아니고, 무게가 떨어지는 돌 안의 중심인 것처럼 그의 본질 안에 어떤 힘이다. 게다가 사랑은 정의상의 목적에 도달하려고 할 것이다.

우리는 과연 나태하고 게으른 사랑을 상상할 수 있을까?[65]

그런 사랑은 하나의 허구다. 인간의 사랑은 힘이 있는 한 절대 쉬지 않는다. 사랑이 산출하는 것이 선하거나 나쁜 것일 수 있으나 그것은 언제나

---

[63] *Conf.*, XIII, 9, 10. "당신이 선물로 주시는 그 성령 안에서 만 우리가 안식할 수 있고 그 안에서만 당신을 즐길 수 있기 때문일 것입니다. 당신의 선물이 우리의 안식이요, 우리의 안식은 우리가 본래 있어야 할 '자리'입니다. 바로 그 자리로 우리를 들어 올립니다. 그 자리로 당신의 좋으신 영은 낮은 상태에 있는 우리를 죽음의 문에서(시 9:13) 이끌어 올리십니다.
우리의 평안은 당신의 좋으신 뜻에 있습니다. 물체는 자체의 무게로 인해 제자리로 향해서 움직입니다. 그 무게의 운동은 반드시 밑으로만 움직이는 것이 아니고, 그것의 고유한 제자리를 향해서 움직입니다. 모든 것은 제 무게로 인해 제자리를 찾아 움직입니다. 제자리를 벗어나면 불안정해지고 제자리로 다시 돌아가면 안정을 찾게 됩니다. 나에게 나의 무게는 나의 사랑입니다. 내가 어떤 방향으로 움직이든지 나는 사랑이 이끄는 대로 움직이게 됩니다.
우리의 사랑은 당신의 선물인 성령으로 인하여 불붙어 위로 오르게 됩니다. 우리 마음은 그 불에 타며 계속 오르게 됩니다. 우리는 우리의 마음에서 당신에게 향해 오르는 단계의 길을 오르면서 '상승의 즐거운 노래' 노래를 부릅니다."
참조: *De civ. Dei.*, XI, 28) 사랑과 의지 사이의 근접한 관계는 사랑은 강한 의지라는 사실에 의해 설명되었다. 참조: *De trin.*, XV, 21, 41)

[64] 인간에 대한 의지의 작용은 자신이 정돈하는 이미지와 관념을 매개로 하여 행해진다. 어거스틴적인 심리학에서 의지는 표상들을 발생시키는 것이 아니라 그것들을 함께 묶는다. 참조: *De trin.*, XI, 7. 12.

[65] 나에게 부질없고 쓸모없이 작용하는 사랑을 말하라!

어떤 것을 산출하고 있다.

따라서, 사랑은 범죄, 간음, 살인, 정욕 등 모든 것들의 원인이 순수한 사랑의 행위나 영속적 행위의 원인이 된다. 좋든 나쁘든지 사랑의 능력은 없어지지 않고 계속되고 인간에게 있어서 무진무궁한 행동의 근원이다. 의지의 근원이다.[66]

만약, 그렇다면 인간을 사랑으로부터 끊으려고 한다거나 인간의 사랑하는 것을 금지하려 한다면 그것은 어리석음의 극치가 될 것이다. 이것은 인간을 그 자신으로부터 분리함을 의미하고 있다. 막연하게 예시되는 어떤 목표를 향하여 인간을 하나에서 다른 것으로 인도하는 사랑을 그에게서 제거한다면, 인간은 자신의 무게의 이끌림에 의해 움직이는 물체보다 더 낮은 가치를 가지게 될 것이다. 그러므로 도덕적인 문제는 사랑해야 하는 것을 아는 것이 아니고 사랑해야만 하는 것을 아는 것이다.

그래서 그는 "당신은 무엇인가를 사랑하지 않는다고 말하는가?

전혀 그렇지 않다. 만약 당신 이 아무것도 사랑하지 않는다면 당신은 생명이 없는, 죽은, 증오하는, 비참한 사람일 것이다. 사랑하라. 그리고 당신이 사랑해야만 하는 것에 분산된 마음으로가 아니라 마음을 집중하여 사랑하라"라고 말한다.[67] 그러므로 덕은 우리가 해야만 하는 것을 사랑하는 것이다.

사랑에 이처럼 주요한 역할을 부여하는 데서 오는 첫 번째 결과 중 하나는 사랑의 가치가 의지의 가치를 규정할 것이고, 마침내는 의지로부터 생기는 가치를 결정할 것이라는 사실이다.[68] 실

---

[66] *De lib. arb.*, I, 14, 30
[67] *Conf.*, XI, 29, 39.
[68] *De trin.*, XI, 6, 10 ; 의지가 그 원하는 것을 지금 본다고 해서, 그것만으로 다른 것을 원하지 않는다고는 할 수 없다. 사람의 의지는 행복이 유일한 목적이므로, 이 한 가지 물건을 보는 의지는 의지 전체가 아니라 의지의 일시적인 작용에 불과하다.

제로 우리는 인간이 자신의 감정들에 따라서, 행동한다고 말하고, 이 감정들은 그의 사랑의 직접적인 표현일 뿐이라고 한다. 그러므로 만약 그의 사랑이 선하다면 그의 감정들과 의지는 똑같이 선하게 되고, 만약 그의 사랑이 악하다면 그것들은 악하게 될 것이다.[69]

다른 한편 사랑의 특성은 의지의 특성을 결정하고 의지는 행동을 결정하기 때문에 우리는 사랑과 행동이 같은 감정들 자체 안에 선한 또는 악한 감정들이 있다고 생각하는 것은 실수이다. 선하거나 악한 모든 사람은 이런 감정들 전체를 경험하나 선한 사람은 선한 감정을 가지고 악한 사람은 악한 감정을 갖는다.

따라서, 의로운 분노, 정당[70]한 동정, 유익한 두려움, 거룩한 욕망 등이 있고, 이 모든 것은 자신들을 고취하는 사랑에 달려 있다. 따라서, 악의적인 행동은 결코 대상의 선함에 기인하지 않고 선에 대한 사랑의 왜곡에 기인한다. 이런 경우들에서 우리의 잘못은 선한 것을 사랑함에 있지 않고 최상의

---

[69] De civ. Dei., XIV, 7 ; 바른 의지는 선한 사랑이며, 그릇된 의지는 나쁜 사랑이다. 사랑하는 대상을 얻으려고 노력하는 사랑이 욕망이며, 그 대상을 소유하며 즐기는 사랑이 기쁨을 준다. 마주친 것을 피하는 사랑은 공포며, 그 대상이 주는 타격을 느끼는 사랑은 슬픔이다.
따라서, 이런 감정들은 사랑이 나쁘면 나쁘고, 사랑이 선하면 선하다. 그러나 일반 관례로는 '욕망'이라는 *cupiditas*와 *concupiscentia*는 그 대상을 분명히 알리지 않을 때에는 나쁜 뜻으로만 해석된다.

[70] 스토아 사상 제시하는 행복의 개념에 대해 행복이란 상실될 염려가 없는 것이어야 한다는 탁견을 제시하였다는 점에서는 어거스틴은 나름대로 의의가 있다고 한다. 그러나 내용적으로는 반박의 대상이었다.
특히 스토아 사상에서 전제하는 스토아적 결정론에 대해 어거스틴은 인간의 자유의지가 숙명론의 필연성에 통제되지 않는다는 점을 제시하며 반박한다. 아파테이아 상태에 있다는 것은 놀라울 정도의 자제력에 불과하다.
문시영, 『아우구스티누스와 행복의 윤리학』(서울: 서광사, 1996), 167. 참조: *De civ. Dei.*, XIV, 8-9.

선을 좋아하지 않음으로써 질서를 깨뜨리는 데 있다.[71]

의지 자체는 중간적인 선이기 때문에 최고선으로 향하고 이것을 행복으로 소유하는 자유를 가지고 있고, 최고선으로부터 떨어져서 의지 자체 혹은 악한 도덕과 죄를 구성하는 것보다 저급한 사물을 즐기는 자유를 가질 수 있다.[72] 의지의 타락은 자신을 버리는 의지의 자유로운 추락이다.[73] 타락은 하나의 결핍, 질서의 결핍, 결국 존재의 결핍이었기 때문에 근본적인 타락은 무 즉, 비존재 이외에 다른 근원을 가지지 않는다.

그러나 만약 죄가 아무것도 아니라면 어떻게 그것이 동력인을 가질 수 있을까?

여기서 우리는 원인의 결여를 말할 수밖에 없다. 결핍의 원인을 찾는 것 또는 존재의 결여의 원인을 찾는 것은 침묵 또는 어둠의 능동적인 원인을 찾는 것과 같다. 여기서 침묵은 단지 소리의 부재이고, 어둠은 빛의 부재일 뿐이다.[74]

동일한 방식으로 우리는 우리의 의지 안에 있는 죄가 단지 신에 대한 사랑의 부재라고 말할 수 있다. 우리의 의지는 변하기 쉽다. 그것은 무로부

---

71 *De civ. Dei.*, XII, 8 ; 악한 의지의 작용인(동력인)이 되는 본성은 없다. 또는 그런 본질(substantia)은 없다고 하겠다. 변하는 영적 존재에서 악은 악한 의지에서 시작한다. 그 본성에 있는 선이 그 악 때문에 감소하며 더럽혀진다. 이 의지를 창조하는 것은 하나님으로부터의 이탈뿐이다. 이런 이탈 또는 결핍의 원인은 전혀 없다. 악의 원인은 선이 아니며 선에서의 이탈이다.

72 *De lib. arb.*, II, 19, 52.

73 *De lib. arb.*, III, 1, 2 ; 죄로 움직이는 움직임도 자유로운 움직임이다.

74 *De civ. Dei.*, XII, 7 ; 악한 의지는 어떤 결과가 아니라 한 결함이므로 그것의 원인은 어떤 능력이 아니라 결핍이기 때문이다. 지고의 존재자이신 분을 떠나서 더 낮은 존재로 향하는 것이 악한 의지를 갖추게 되는 시초이기 때문이다.
그뿐 아니라, 이런 이탈의 원인은 적극적인 것이 아니라 소극적인 것이므로, 그것을 추적하는 것은 암흑을 보거나 침묵을 들으려는 것과 같다. 물론, 우리는 이 두 가지의 것을 알며, 하나는 눈으로만, 또 하나는 눈으로만 알지만, 어떤 일정한 형태로 아는 것이 아니라 형태가 없으므로 아는 것이다.

터 창조되었고 결과적으로 불완전하기 때문이다.

변화무쌍한 의지는 자신을 창조주로부터 피조물로 떨어뜨림으로써 죄의 원초적인 무질서를 그 자체와 우주에 이끌어 들인다.[75] 그러나 신은 자신에게 결코 책임이 없는 이러한 무질서를 회복하기 위해 우리를 돕는다. 그는 타락한 인간에게 그의 손을 뻗어서 타락으로부터 그를 건진다. 그리고 죄에 의해 파괴된 최초의 질서를 은총을 통해서 회복한다.[76]

의지는 자유 선택한다. 설사 은총이 모든 것을 자유 선택에게 준다 할지라도 자유 선택은 여전히 은총을 받기 위해서는 거기 있어야만 하기 때문이다.

그래서 바울은 이렇게 묻는다(고전 4:7).

"네게 있는 것 중에 받지 아니한 것이 무엇이냐?"

만약, 우리의 의지가 결과적으로 선택받기 위해서 존재하지 않는다면 누가 받는가?

'받는다'라는 것은 순응하는 것, 동의하는 것, 행동하는 것을 의미한다. 결국, 그것은 원하면서 행하는 것이다. 말하자면 의지가 자신의 고유한 본성에 따라 행하는 것과 같은 것이다. 그 때문에 의지로서 작용하는 한 의지는 자유 선택에 증거가 된다. 의지는 자유 선택을 부정하지 않고 오히려 그것을 내포한다.[77]

신이 의지가 원하도록 하고 의지에 명령한 것을 행하도록 도움을 줄 때 여전히 신이 명령하는 것을 원하고 행하는 것은 의지이다.[78] 신은 행동하

---

[75] *De civ. Dei.*, XIII, 8.
[76] *De lib. arb.*, II, 20, 54.
[77] *De lib. arb.*, I, 12. 25 ; 자유의지는 우리가 바르고 정직하게 살고 최고의 지혜에 도달하기 희구하는 의지이다.
[78] *De lib. arb.*, 15, 31 ; 어떤 사람들은 영원한 사물들을 사랑하고 어떤 사람들은 현세적인 것을 사랑하는 것을 보아서 두 가지 법이 있는 듯하다. 하나는 영원한 법이요 하나는 현세적 법이다. 영원한 것과 잠세적인 것, 겸손에 이르는 하나님 사랑과 오만에 이르는 자기 사랑, 두 가지 사랑의 원리가 어거스틴의 인간사회를 평가하는 근간이 되기도 한다.

는 것으로부터 인간을 면제하지 않고 인간이 행동할 수 있게 하려고 행동하는 인간에게 도움을 준다. 그러므로 자유 선택은 항상 은총의 성공적인 중압감 밑에 있어야 한다.[79]

의지는 본질에서 사랑 또는 기쁨이라고 말한다.[80] 일종의 내면적 무게는 의지를 다른 것보다 어떤 대상으로 향하여 끌어당긴다. 의지를 다른 목적들로 향하도록 하는 이런 움직임이 바로 의지의 자유다. 의지가 기뻐하는 대상이 무엇이든지 간에 의지는 자유롭게 대상에 대해서 기꺼워한다. 의지를 다른 것이 아닌 그런 목적으로 이끌게 하는 매력의 근원이 무엇이든지 간에 그를 끄는 힘은 그것의 자유를 위태롭게 할 수 없다. 왜냐하면, 이 매력은 자유를 표현하는 선택 자체이기 때문이다.[81]

그렇다면 은총은 자유에 어떤 영향을 미치는가?

첫째, 그것은 악의 기쁨을 선의 기쁨으로 바꾼다.

타락한 인간의 의지 때문에 실현 불가능한 법은 은총의 상태 안에 있는 인간에게 사랑과 기쁨의 대상이 된다. 카리타스는 인간이 자발적으로 그의 기쁨을 발견하게 하는 은총에 의해 영혼 속에 영감 된 신의 사랑과 신의 정의이기 때문이다.[82]

은총이 자유를 손상하지 않고 의지에 성공적으로 작용하는 것을 막을 것은 없다. 우리는 인간이 자신을 죄로 몰아가기 위해 은총의 신적인 선물을 무시할 때 자유롭게 행동한다는 것을 인정할 수 있다. 그러나 이런 상황

참조: *De civ. Dei.*, XIV, 28.

[79] *De lib. arb.*, XX, 54 ; 자유의지의 불완전함은 피조물이라는 데에 있다.
[80] *De trin.*, XI, 7, 12.
[81] *De trin.*, XI, 6, 10.
[82] *De civ. Dei.*, XIV, 7, 2.

에도 인간이 은총의 부름을 듣는다. 그리고 그것은 얼마간은 바람직한 선으로 인간에게 나타난다.[83]

그러나 정욕은 인간에게 더 큰 기쁨을 준다. 기쁨은 그것의 대상에게로 향하는 의지의 운동이기 때문에 감정이 지배하는 인간은 은총보다 죄를 더 좋아한다.

이런 의미에서 어거스틴은 항상 "우리에게 더욱더 큰 기쁨을 주는 것을 반드시 행한다"고 말하는 것은 당연하다. 그러나 보다 더 큰 탁월한 가쁨이 자유 선택을 해체한다고 생각하는 것은 실수이다.

둘째, 반대로 그것은 자유 선택의 결과이다.

어거스틴은 "나를 유혹하는 사악한 기쁨은 의지를 낮은 것으로 향하기 위하여 나의 의지에 덧붙여진 어떤 것이 아니다. 그것은 악한 것으로 의지를 이끌어 당기는 움직임 안에 있는 나의 정신의 자발성 자체이다.[84] 그러므로 악의 기쁨을 대신하게 하는 선의 기쁨도 의지에 폭력을 가하는 힘이 아니다. 그것은 신에게 향해가는 자유로운 의지의 자발적인 움직임이다. 인간은 자신의 기쁨의 대상이 정확하게 자유가 되도록 할 때 진정으로 자유롭다"[85]라고 말한다.

의지 위에 작용하는 은총이 자유 선택을 존중할 뿐 아니라, 자유를 의지에 부여하는 은총이 자유 선택을 존중할 뿐 아니라 자유를 의지에 부여한다는 것을 이해해야만 한다. 참으로 자유(libertas)는 자유 선택(liberum arbitrium)의 선한 사용 이외 다른 것이 아니다. 그런데 만약 의지가 항상 자유롭

---

83 *De lib. arb.*, III, 6, 19.
84 *De lib. arb.*, III 1.2.
85 *De lib. arb.*, III. 1. 3 ; 완전한 자유는 영혼이 자유로운 기쁨으로 행하는 사랑에 의해서 행동할 때만 가능하다.

게 남아있다면, 그것은 자유 선택이라는 의미에서 항상 선하지 않고, 자유라는 의미에서 항상 벗어나지 않는다.[86]

그러면 자유 선택에 있어서 이러한 자유의 결핍은 어디에서 오는가?

그것은 바울이 우리에게 우리 의지의 근본적인 실패라고 가르치는 죄로부터 온다. 자유 선택의 상태에서 인간이 자신의 능력으로 신을 사랑하지 못한다. 창조의 질서는 더 이상 존재하지 않는다. 단지 복구를 위해 새로운 창조가 필요할 뿐이다. 재창조자 즉, 신만이 할 수 있다.

우리는 항상 도움 없이 타락할 수 있으나 우리는 항상 도움 없이 일어날 수 없다.[87] 이것이 바로 신이 우리에게 은총을 통해서 행하는 것이다. 의지는 자유에 종속되면 될수록 온전해지고 온전해지면 질수록 더 자유로워진다.[88] 만약 우리가 신에게만 종속된 자유 선택을 가정한다면 그것은 최상의 자유일 것이다.[89]

진정한 자유는 그리스도의 섬김 안에 존재하기 때문이다. 이것에 대한 바울의 "너희가 죄의 종이 되었을 때 의로부터 해방되었다. 그러나 이제는 너희가 죄로부터 해방되고 신께 종이 되었다"(롬 6:20, 22)는 말씀을 어거스틴은 "만약 네가 종이 된다면 자유로울 것이다. 이제 죄에서 자유롭게 되었고 정의의 종이 되었다"[90]라고 표현한다.

---

[86] 어거스틴의 사유에서 *liverum arbitrium*(자유 선택)과 *libertas*(자유)사이가 명확하게 구별된다.
[87] *De lib. arb.*, II, 20, 54 ; *De trin.*, XII, 11, 16; 인간 자신의 힘에 의한 신적인 질서의 재창조가 불가능하다.
[88] *De lib. arb.*, I, 15, 32.
[89] *De lib. arb.*, II, 13, 37.
[90] *De lib. arb.*, 15, 31 ; 인간이 행복을 원하면서 추구하는 사물도 영원한 사물이 있고 잠시적인 사물이 있다. 그리고 인간의 두 유형(결국 *duae civitates* 이론)은 영원한 사물을 사랑하는 사람들과 잠시적 사물을 사랑하는 사람들로 나눠지며, 사물은 존재론적 위계를 존중하여 영원법을 따르고 그 법에 존중하는 사람, 타인들에게 사회적 사랑을 기울일 줄 알아서 설정법에 대한 존중을 보이는 사람이 행복한 사람이다. 그렇다면 영원법에 종속

어거스틴은 자유와 은총을 동일시함으로써 자유와 은총을 초자연적 생명과 단순하게 일치시키지 않고, 그리스도교의 카리타스에 대해 다음과 같이 정의한다.

만약, 우리가 신(神)인, 카리타스에 의해서 오직 행복에 도달할 수 있다면, 우리는 어떻게 신인 행복에 도달할 수 있는가?

만약, 우리가 신에게 도달하기 위해서 이미 신을 소유해야 한다면 우리는 어떻게 신에게 도달할 수 있는가?

만약, 자유가 은총으로 환원된다면 덕 또한, 우리를 은총으로 인도할 것이다.

"자유법은 카리타스(애덕)의 법이다."[91]

카리타스는 신의 의지의 사랑이다.[92] 그런데 이 사랑은 죄가 파괴한 것이고 은총이 회복한 것이다. 하나님의 은혜 역사는 성령을 통해서 우리 마음에 불어넣어 주시는 사랑의 주입(infusio caritatis) 혹은 새롭고 선한 의지를 재창조해 주시는 역사이다.

다른 말로 표현하면, 창조와 보전, 그리스도의 성육에서 나타난 하나님의 은총은 이제 성령을 통해서 내면화되도록 역사하시는 것이다. 이 상태를 하나님과의 의지의 연합이라고 어거스틴은 말한다. 신과의 의지의 연합

하는 것이 곧 자유로워지는 것이다.
[91] De lib. arb., II, 13, 37 ; 참된 것들로서 누릴 수 있는 기쁨은 무엇이 되었든지 진리 자체 안에서 얻는 기쁨이다. 진리와 지혜에서부터 떨어져 나온 것은 보다 열등한 것을 사랑하고 왜곡된 의지라 부른다.
인식의 이론에 대한 이것의 관계에 관해서는 다음 것을 참조: De ver rel., 31, 58; 온당하게 사리를 파악하는 사람이라면, 어떤 사물이 왜 우리 마음에 드는지, 그리고 어떤 사물이 더 좋다고 보이면 왜 그것을 열렬히 사랑하게 되는지도, 감히 자신 있게 설명하지 못한다. 우리와 이성적 영혼 전부가 진리에 의거해서 (우리보다) 하위에 있는 사물들을 올바로 판단하게 되듯이, 우리가 그 진리에 귀의할 때, 우리에 대해서 판단을 내리는 것도 진리뿐이다.
[92] De lib. arb., III, 9, 8.

은 우리에게 향한(*pro nobis*) 하나님의 은혜는 성령의 내재로 인하여 우리 안에(*in nobis*) 하나님의 은혜는 성령의 내재로 인하여 우리 안에(*in nobis*) 계시는 하나님으로 체험하게 된다.[93]

어거스틴의 카리타스 사랑은 신과의 참사랑을 나누는 새로운 관계성을 열어준다. 어거스틴의 사랑 개념은 인간 각자의 자유로운 의지와 하나님의 카리타스의 은총 역사가 기묘하게 조화하고 공존한다고 본다.

3. 사랑의 거룩성[94]

어거스틴에게서 진리(*veritas*)는 하나님 자체이시다.[95] 진리가 있는 곳에 하나님이 계시며, 진리자체가 하나님이시다. 어거스틴에 의하면 이 진리는 인지하고 또한, 소유하기 위해서는 그것을 마음 밖에서 찾지 말고 자기 자신 안으로 들어가 "인간 내면"(*homo interior*)에서 찾아야 한다. 인간의 내면에서 찾으려고 한 그의 사상적 특색을 빈델반트는 "내면성의 형이상학"[96]이라고 특징지었다.

이 내면성의 중요성을 말하기 위해서 어거스틴은 다음과 같이 논하고 있다.

---

93 선한용, 『사랑과 영원』, 122.
94 어거스틴은 거룩성을 *De trin.*, XIV, 17, 23에서 사도 바울을 따라 다음과 같이 말한다. 우리의 겉 사람은 후패하나 우리의 속사람은 날로 새로워지며(고후4:6), 하나님을 따라 의와 진리의 거룩함으로 지으심을 받는 새사람을 입는 것이다(엡 4:24).
95 *Conf.*, X, 24, 35.
96 Wilhelm. Windelband, *A History of Philosophy*, Vol. I. (New York: Harper & Brothers, Publishers), 276.

네 자신 밖으로 나가지 말라. 네 자신 안으로 들어가라.

인간 내면에 진리가 거한다. 만일 네 자신이 가변적인 존재라면 너 자신 마저도 초월해라. 거기서 네가 기억해야 할 것은 생각하는 네 영혼마저도 초월해야 한다는 것이다.[97]

그가 의미한 것은 우리가 진리를 파악하는 길은 인간의 마음을 통해서라야 가능하다는 것이다. 즉, 인간의 마음(내적 인간)은 영원한 진리와 접촉을 가질 수 있는 연결점이라는 것이다. 인간의 마음을 통해서 초월적 진리이신 하나님을 만난다는 것이다.

인간은 시간과 변화로 인해 제한되어 있어 불안정한 존재이지만, 영원한 진리이신 하나님께(ad Deum) 마음이 열려 있는 존재라는 것이다.[98] 그러

---

[97] De ver. rel., 39, 72 ; 어거스틴은 "영혼이 (죄)로 잃어버린 원초적인 아름다움을 상기하지 못함에 비해서 자신의 악습을 이용해서는 (이를 상기)할 수 있다면 어떻게 되는가? 그래서 하나님의 지혜께서 끝에서 끝까지 힘차게 펼치신다(잠8:1). 그리하여 이 (지혜)를 통해서 지존하신 예술가께서는 당신의 작품들을 영예로운 단일 목적에로 정향되도록 짜 놓으셨다.
따라서 가장 고귀한 사물에서 최하사물에 이르기까지, (하나님의)선하심이 어떤 아름다움과도 상충되는 일이 없다. 무릇 일체의 아름다움은 (하나님) 한 분에게서만 올 수 있기 때문이다(일체의 사물은 존재의 위계 속에서 나름대로 '진리의 영상'을 갖추고 있다. 다만 그 영상은 궁극 존재의 바래지고 퇴락한 분출(分出)이라기보다 궁극자를 가르치는 표지(標識)로서 의의가 있다).
따라서 그 어떤 인간이 진리에서 떨어져 나가더라도 반드시 진리의 어떤 영상(映像)은 간직하고 있다. 육체의 쾌감에서 그대로 매료하는 것이 무엇인지 물어보라. 조화(造化) 외에 다른 것을 발견하지 못할 것이다. 부조화가 고통을 유발한다면, 조화는 쾌감을 촉발한다.
그렇다면 그대는 최고의 조화가 어떤 것인지 알아보도록 하라. 밖으로 나가지 마라. 그대 자신 속으로 돌아가라. 인간 내면에 진리께서 거하신다. 그리고 그대의 본성이 가변적임을 발견하거든 그대 자신도 초월하라(자기귀환과 자기초월은 동일한 행위가 된다) 하지만 기억하라 그대가 자신을 초월할 때 그대가 초월하는 바는 추론하는 영혼임을! 내적 인간인 자기 안에 계시는 분과 합치 하되 저급하고 육적인 쾌감으로서가 아니라 고귀하고 영적인 희열로 합치하기 위함이다"라고 말한다.

[98] P. Tillich, Systematic Theology. Vol. I. (Chicago : The University of Chicago Press, 1951),

므로 인간이 이 내적 인간을 통해서 영원한 진리이신 하나님을 바라고, 인지하고, 소유하게 될 때 비로소 인간은 행복하게 된다는 것이다."⁹⁹

이런 점에서 어거스틴 사상은 '신 중심사상'(*theocentricism*)이라고 볼 수 있다. 그는 진리를 인식(회심)하자마자 그것을 하나님과 동일시하여 그에게 의지하는 태도를 보였다. 그가 하나님의 존재를 생각할 때도 보통 다른 존재들을 생각하는 범주로 접근하지 않고, 모든 것을 포괄하면서도 그것을 초월하는 존재자로 생각하였다.

그러므로 그를 떠나서는 인간 자신이 존재할 수도 없고 행복할 수도 없다. 왜냐하면, 하나님을 떠난다는 것은 존재론적으로 생각해볼 때는 '무'(無)로 떨어져 버린 것이고, 실존적으로 생각해 볼 때는 무의미 속에 빠져 불안하고 불행하게 되는 것이기 때문이다.

따라서, 하나님의 존재란 어떤 철학적인 개념이나 원리가 아니라, 우리 존재가 그에게 의지하고, 그 안에서 살며, 그를 소유함으로써 행복하게 되는, 살아 계신 실체이시다. 진리란 우리 인식의 대상이라기보다는 정열적으로 추구하고 소유해야 할 보배이다. 그러므로 그에게서 철학이 추구하는 대상은 최고선(*summum bonum*)도 된다.¹⁰⁰ 그리고 그는 철학을 통한 이성의 정교함을 신앙에 적용하여 그리스도교 안에서 지혜를 탐구해 나갔다.

어거스틴의 지혜 탐구는 "하나님의 모상인 사람의 마음속에는 삼위일체의 흔적이 새겨져 있다"라는 사고에서 시작된다.¹⁰¹

어거스틴은 지혜는 하나님을 사랑하는 실존적 자리로 인도하는 인간 정신의 가장 고귀한 작용을 일으키는 인식의 한 형태라고 말한다. 우리 안

168.
99 *De lib. arb.*, I, 13, 29.
100 선한용, 『사랑과 영원』, 31
101 *De trin.*, XIV, 8, 11.

에는 외적인 인간과 내적인 인간이 있다. 어거스틴은 정신을 내적 인간이라고 한다.[102] 정신은 '육체를 통제하기 위하여 만들어진 영혼'이라고 정의하는 존재의 정신이, 지혜는 우리가 신적인 이념들과 마주하기를 요구하고 이런 이유에서 우리를 신적이고 보편적인 것으로 향하게 한다.[103]

그러나 자신의 유일한 목적인 것처럼 누리는 사물에 집착하는 정신의 움직임은 무엇이라고 성격 지울 것인가?

성경은 그것을 탐욕이라고 말하고, 모든 악의 근원(radix omnium malorum)이라고 부른다. 탐욕은 공동으로 소유하기 나누기를 거부하는 영혼의 상태이다. 탐욕은 사랑의 질서를 왜곡시키는 것이라고 어거스틴은 말한다. 그것은 혼자서 원하고 가진다. 사물이 개인적인 욕심의 만족을 위해서만 존재하는 것처럼 사물에 집착하고 그것을 자신의 것으로 만든다.

그뿐만 아니라 사고의 탐욕도 존재한다. 그것은 사물들에 대한 자신의 힘을 확인하면서 정신을 마치 목적인 것처럼 집착하는 지배요구를 내포하고 있는 사유의 형태이다. 이런 종류의 탐욕은 교만으로부터 나오는 것으로 성경은 죄의 시작이라고 부른다.[104]

---

[102] De trin., XII, 1, 1. 외적인 인간과 내적인 인간의 경계선을 어거스틴은 분명히 한다.
[103] De trin., XII, 12, 17; 물질적인 것은 신체 감각으로 지각하며, 영원불변하는 영적인 것은 지혜와 이성으로 이해한다. 다만 지식의 이성에 아주 가까운 욕망이 있다. 이것은 행동의 지식이라고 하는 것인데, 신체 감각에 의해서 깨닫게 된 물질에 대해 이치를 생각한다. 그 생각이 잘되면, 그 지식을 최고선에 이바지하게 하며, 나쁘게 되면 거짓된 행복감으로 그 물질에 안주할 수 있는 것으로 여겨, 그것을 즐기려 한다. … 죄를 즐거운 것으로 생각할 뿐 아니라 실지로 짓게 되려면, 반드시 마음이 결심해야 하기 때문이다. 몸의 지체들 행동을 부추기거나 억제하는 최고의 권능은 마음에 있는 것이므로, 그 마음이 유혹에 항복하고 악행의 노예가 되어야만 죄를 짓게 된다.
De trin., XII, 14, 22; 지혜와 지식은 어떻게 다른가? 무상한 것들을 선용하는 행동은 영원한 것들을 정관하는 지혜와 다르다. 영원한 것은 지혜에 돌리고, 무상한 것들은 지식에 돌릴 수 있다. 지혜를 지식이라고 부를 수도 있다. 하나님에 대한 경배는 곧 하나님에 대한 사랑이다. 영원한 것들에 대한 정신적 인식은 지혜를 통해서 온다.
[104] Eccli.(전도서) 10, 15. 우리는 이 운동에 탐욕이라는 이름을 줄 수 있다. 왜냐하면, 이것

이것을 어거스틴은 쿠피디타스라 말한다. 쿠피디타스는 인간은 그가 하나님에 의해서 지배되는 우주 일부분이라는 것을 알고 우주의 질서 안에서 자신의 위치에 두기 위해서 부름을 받았다는 것과 우주의 질서 안에서 자신을 종속시켜야 하는 의무와 모든 것을 그 자신이 아니라 공동의 목적에 따라야 하는 의무를 진다는 것을 알면서도, 사물의 질서를 거부하여 자신을 사물의 목적으로 생각하고 탐욕의 노예 된 의지로 행동하는 것이다. 이런 경우에 인간이 사랑하는 것은 그 자신이기 때문이다.

이것은 어거스틴은 일종의 배교이거나 하나님에 대한 거부라고 말한다. 그리고 이러한 것의 뿌리는 즉, 각적으로 탐욕으로 변화되는 교만이다. 정신이 전체보다 자신을 선호한다는 사실로부터 우리는 영원한 이성들을 사용할 수 있고 사용해야 한다는 것을 안다. 왜냐하면, 오직 그것들 안에서만 어떠한 진리를 알 수 있는 한계적 존재이기 때문이다. 그러나 정신은 그 자신의 특별한 목적들에 따라 이러한 보편적 관념을 사용하고 진리와 끝없는 대결상태로 들어간다. 전체를 자기 것으로 만들면서 모든 것을 자신을 위해 남용한다.

이 전쟁에서 정신이 마음대로 쓸 수 있는 무기는 육체이다. 정신은 당연히 육체를 소유하고 육체는 적법하게 정신에 속해 있기 때문이다. 이때 정신은 이 육체에 의해서 자신이 권리를 가지고 있지 않은 것을 독점하려고 시도한다. 만약 정신이 물질적인 것의 형상과 운동으로 향하게 된다면 정신은 자신 안에 그것들에 대한 감각 작용을 유발하고 그것들의 이미지를 보존한다.

이것은 사물을 자기 마음대로 제어하고 내부적으로 즐기고 자신을 위해 소유하기 위함이다. 그 결과 감각적 형상들의 창고가 채워지고 영혼은

은 이 악덕의 정의이기 때문이다 : *De lib. arb.*, XXXVIII, 70. 육체의 정욕은 저급한 쾌락을 사랑하는 사람들을 의미하고, 눈의 정욕은 호기심이 많은 사람을 가르치고, 세속의 야심은 교만한 사람들을 지적하는 연고다.

그들 속에서 자신을 상실하고 감각적 기쁨의 늪 속으로 빠져든다. 정신이 전체보다 자신을 좋아할 때 이것은 당연하고 필연적인 결과이다.

왜냐하면, 한 번 자기 자신을 좋아하는 사람은 그 자신을 위해서 전체를 원하기 때문이다. 그리고 지성적인 것은 보편적이고 육체는 자신의 것이라고 부를 수 있는 유일한 것이기 때문에 정신은 육체가 독점하는 것을 취한다. 그러므로 영혼은 상상력에 의하여 유발되고 부추겨지는 일종의 영적 간음[105]을 범한다.

이러한 것은 인간의 내부에서 일어나는 것으로 피하는 것이 거의 불가능한 지속적인 위험의 원천이다. 어거스틴은 이러한 상태를 노예 의지가 범하는 죄이고 타락이라 말한다.

어거스틴은 타락은 교만함이 원칙적으로 그 책임이고, 이 교만함은 육체를 자신의 도구와 이익의 그릇으로 만드는 탐욕을 동반한다고 말한다. 그러므로 지식이 지식의 이익을 추구할 때 정신은 계속해서 점점 물질에 종속되고 관념들로부터 멀어진다.[106] 쿠피디타스와 카리타스는 이렇게 사랑하는

---

[105] *De trin*., XII, 9, 14; 영혼이 권력을 좋아하면 공통적인 전체를 버리고 자기의 특수 부분에 집착한다. 전체적 피조세계에서 그 지배자이신 하나님을 따른다면, 하나님의 법에 따라 지극히 훌륭한 지배를 받을 수 있을 것이다. 그러나 죄의 시작이라고 하는 교만 -배교의 원인이 되는 교만 때문에, 영혼은 전체 이상의 것을 구한다. 그래서 자기 법으로 그 전체 이상을 지배하려고 애쓸 때, 전체 이상은 없는 것이므로, 영혼은 그 자체의 부분을 돌보도록 쫓겨난다. 많이 가지겠다고 욕심을 부리다가 도리어 적게 되었고, 그래서 탐욕은 '일만 악의 뿌리'라고 한다(딤전 6:10).
영혼이 자기의 이익을 위해서 전체에 반대하며 전체를 다스리는 법에 대항할 때에, 전체 중 일부로서 자기가 가지고 있는 신체를 사용한다. 그리고 자기 안에서 기쁨을 얻지 못하고 물체적 형태와 운동에서 기쁨을 발견하며. 기억에 박힌 그것들의 형상에 얽매여 음란한 공상으로 더럽혀진다. 그리고 그 목적들을 얻으려고 전력을 다하며, 신체 감각을 통해서 무상한 물질을 열심히 추구할 때에, 부풀어 오른 교만으로 자기는 신체 감각에 빠진 다른 영혼들보다 고상하노라고 자처하거나, 혹은 육적 쾌락의 추악한 소용돌이에 빠진다.
[106] *De trin*., XII, 12, 17; 물질적인 것은 신체 감각으로 지각하며, 영원불변하는 영적인 것은 지혜의 이성으로 이해한다. 다만 지식의 이성에 아주 가까운 욕망이 있다. 이것을 행동

대상이 다를 뿐이다.

어거스틴은 향유해야 할 대상이 하나님일 때는 질서 잡힌 사랑, 혹은 바른 사랑(카리타스)이라 하고, 그 반대의 경우 즉, 질서를 망각하고 상용의 대상인 시간적이고 가변적인 것들에 집착함으로써 행복해지려는 것은 왜곡된 사랑, 쿠피디타스라고 말한다.[107]

어거스틴은 사랑하는 대상이 하나님으로 바뀔 때 물질에서 벗어나서 영원한 이성들 즉, 신의 불변하고 필연적인 관념들로 향한다고 한다. 겸손의 동작이다. 왜냐하면, 우리는 진리에 종속하지 않고는 그것에 도달할 수 없기 때문이다. 인간은 하나님께 도달함 없이 영원한 이성들 안에 있는 인식을 받아들일 수 없기 때문이다. 우리가 하나님께 도달하자마자 모든 것의 위치는 하나님에 의해서 결정된다.

이러한 길이 바로 지혜의 길이다. 그것은 활동적이라기보다는 관상적이며 시간적인 것으로 향하는 것이 아니라 영원한 것에 향하는 것이고 탐욕에 의해 제한되거나 독점되지 않고 모든 것에 열려 있으며 개인의 선을 위하여 전체를 사용하지 않고 오히려 개인을 전체에 종속시키는 길이다.[108]

지혜는 인간이 최고선을 깨닫고 소유하는 진리이다. 최고선에 도달하는 것에 관하여 불이치가 있을지도 모르지만 도달한 목표에 관해서는 불일치가 없다. 그것은 사람들의 공통된 최고선이다. 그것은 내면적인 스승에 의해서 우리에게 가르치거나 이 세상의 모든 사람을 비추는 빛에 의해서 영

의 지식이라고 하는 것인데, 신체 감각에 의해서 깨닫게 된 물질에 대해 이치를 생각한다. 그 생각이 잘 되면, 그 지식을 최고선에 이바지하게 하며, 나쁘게 되면 거짓된 행복감으로 그 물질에 안주할 수 있는 것으로 여겨, 그것을 즐기려 한다. 그러므로 육적이며 동물적인 감각은 그 행동하는 기능을 다 하기 위해서 무상한 물질을 알리는 마음에 이성의 활력을 적용하며 자체를 즐기겠다는 유혹을 끌어들인다.

[107] 문시영, 『아우구스티누스와 행복의 윤리학』 (서울: 서광사, 1996), 62.
[108] De lib. arb., II, 16, 43.

혼에 계시가 된 규칙들 또는 빛들이다.¹⁰⁹

어거스틴은 지혜란 "끝에서 끝으로 힘 있게 도달하고 모든 사물을 질서 지우는 것(잠 8:1)"이라고 말한다. 모든 사물을 부드럽게 질서 지우는 엄밀한 의미에서 지혜이다. 하나의 동일한 원천이 지혜의 따스함으로 정신들을 뜨겁게 하고 물질성으로 인하여 지혜로부터 떨어진 위에도 은혜의 빛이 퍼지게 한다.¹¹⁰

타고난 인식을 하고 있다는 면에서 인간은 하나님으로부터 자연적인 빛을 받고 행동의 필연성을 따라야 한다는 면에서 인간은 하나님으로부터 질서 의식(conscientia)을 받는다. 타고난 인식을 어거스틴은 인간에게 남겨진 하나님의 흔적이라고 말한다.

이 흔적은 하나님의 형상 즉, 하나님과 닮은 형태이다. 어거스틴은 인간에게 성부, 성자, 성령의 삼위일체의 능력이 우리의 인식 안에 남아있다고 본다. 그것은 우리에게 하나님을 알게 하신 은총, 우리를 존재하게 하는 은총, 우리를 사랑하게 하는 은총으로 남아있다는 것이다. 인간의 훼손된 모상을 치유는 창조주 하나님만이 새롭게 하실 수 있다고 본다.¹¹¹

하나님과 인간의 카리타스는 삼위일체 하나님과 사람 안에 있는 삼위일체가 성령에 의한 사랑의 끈으로 결합함으로써 지식, 성령(사랑), 성자라

---

109 De lib. arb., II, 9, 27. 우리는 배움의 과정에서 하나의 스승만을 가진다. 여기서 스승이란 영혼을 다스리는 내적인 진리 즉, 영원한 지혜이며 불변하는 덕인 그리스도다. 모든 이성적 영혼은 그리스도를 찾아 나선다. 그러나 그리스도인 진리는 영혼의 의지가 선하느냐 악하느냐에 따라서, 그를 찾는 영혼에 계시된다. 누구에게나 동일한 진리로 계시하는 것은 그리스도이다. 성경에서 우리에게 주는 가르침으로써 '당신의 스승은 하나이신 그리스도'라고 설파된다.

110 De lib. arb., II, 11, 30-31. 수의 지식이 가장 공통적이기 때문에 흔하게 무시된다고 설명한다. 그러나 어거스틴은 이것이 단순히 하나의 불완전한 비교라고 덧붙인다. 그리고 완전한 것은 없다.

111 De trin., XIV, 16, 22.

는 지혜의 삼위일체 형상과 존재, 성령(사랑), 성부라는 믿음의 삼위일체 형상이 역동적으로 협력하는 관계임을 어거스틴은 말한다.

아울러 이 두 삼위일체 형상을 통하여 인간들은 세상을 살아가며 하나님에 대한 믿음과 지혜가 성장하면서 새롭게 재창조된다는 것이 어거스틴의 카리타스의 요지라고 본다.[112]

특히, '내 안에 계신 주'라는 지혜의 삼위일체 형상은 그리스도에 의하여 계시되고 발전되어 마침내 지혜가 자아를 포기하게 하고 하나님께 마음을 열게 한다.[113]

이처럼 인간의 마음이 하나님께 열림에 따라 '주 안에 있는 나'라는 믿음의 삼위일체 형상과정에서는 성령께서 인간의 영혼 안에 믿음과 사랑을 주입함으로써 성화가 계시되게 된다.[114]

---

[112] De trin., XIV, 12, 15.

[113] *De doct.* chr., XI, 11. 만일, 지혜 자체이신 분이 자기를 낮추사 우리와 같이 연약하게 됫고 우리 인간의 형태로 거룩한 삶의 표본을 보이지 않으셨다면, 우리는 이 일을 할 수 없었을 것이다. 그런데 우리가 그에게로 가는 것이 현명하다고 하므로 그가 우리에게 오셨을 때에, 교만한 사람들은 그의 행동을 어리석다고 생각했다. 또 우리가 그에게 가면 강하게 되므로, 그가 울게 오셨을 때에 사람들은 그를 악하다고 보았다.
그러나 하나님의 미련한 것이 사람보다 지혜 있고, 하나님의 약한 것이 사람보다 강하다(고전 1:25). 그러므로 그 자신이 우리의 본향이지만, 우리에게 본향으로 가는 길이 되어 주셨다(요 14:6).

[114] *De trin.*, V, 16, 17 ; 우리는 하나님과 피조물의 관계를 말할 때에. 이 관계가 성립되는 것은 시간 안에서이지만, 하나님의 본질에는 아무 일도 없었다고 이해해야 하며, 하나님의 본질과 관계를 맺게 된 피조물에만 어떤 일이 있었던 것이라고 이해해 한다. 우리가 그의 은혜로 중생할 때에 그는 우리의 아버지가 되기 시작하셨다. 하나님의 아들들이 되는 권능을 우리에게 주시기 때문이다(요 1:12).
우리는 그의 자녀가 됨으로 말미암아, 우리는 본질이 변해서 나아진다. 동시에 하나님께서는 그 본질에 아무 변화도 없으시면서, 우리의 아버지가 되기 시작하신다. 그러나 하나님이 전에 없던 새로운 사랑으로 어떤 사람을 시간 안에서 사랑하신다고 우리는 결코 말할 수 없다. 하나님에게 과거의 일은 없어지지 않으며, 미래의 일은 이미 이루어졌다. 그러므로 하나님께서는 창세전에 그의 모든 성도를 예정하시고 사랑하셨다. 그러나 그들이 회개하고 하나님을 발견할 그때에 그들은 하나님의 사랑을 받기 시작한다고 한다. 이것은 인간의 감정으로 이해할 수 있도록 말하려는 것이다.

이것이 어거스틴의 카리타스의 질서의 사랑이다. 하나님 밖에 있는 것이 무질서의 사랑 즉, 쿠피디타스다. 인간은 이 두 질서 있어서 신으로부터 그들 판단의 필연성을 얻는다. 오직 하나님 자신으로 신 안에 있는 하나의 법칙이 있고 하나님이 아닌 모든 것들은 이 법칙에 속해 있다. 우리는 이것을 영원한 법칙이라고 부른다. 이것의 내용은 신적 이성의 명령 또는 하나님의 의지이다.

여기서 의지란 자연적 질서의 보존을 유지하고 이것의 방해를 막는 것이다. 영원한 법칙이 일반적으로 우주에 그리고 특수하게 인간에게 과하는 근본적인 요구는 모든 것을 완전하게 질서 지우는 것이다(ut omenia sint ordinatissima).[115]

질서 자체가 원하는 것은 열등한 것을 보다 우월한 것에 예속시키는 것이다.[116] 하나님에 의해 창조된 모든 것은 선하다. 따라서, 이성적인 창조물들로부터 육체적인 창조물까지 인간이 합법적으로 사용할 수 없는 것은 아무것도 없다. 인간에게 어려움이 있다면 선하면서 동시에 선하지 않은 사물들 사이를 구별하는 데 있다. 그런데도 인간은 사물들을 진지하게 관찰하고 그들의 적절한 가치를 평가해야만 한다. 육체에 외부적인 선들을 종속시

그와 같이, 악인에 대해서 진노하고 선인에 대해서 인자하시다고 할 때에도, 변하는 것은 그 사람들이고 하나님이 아니시다. 마치 빛은 약한 눈에는 고통스럽고, 강한 눈에는 상쾌한 것과 같다. 바꾸어 말하면, 능히 변하는 것이고 빛 자체가 변하는 것은 아니다.

[115] *De lib. arb.*, I, 6, 15. 영원법은 불변하고 정당하다. 정욕(*libido*), 탓할 만한 욕망-쿠피디타스의 정의는 자기 의사에 반해서 상실될 수 있는 그러한 사물에 대한 사랑이라고 정의하고 있는 것이 드러난다.

[116] 질서의 정의는 다음과 같다: *De lib. arb.*, I, 8, 18. 더욱 훌륭한 것들이 더욱 열등한 것들에게 종속되는 한 바른 질서라든가 질서라는 말을 써서는 절대 안 된다(스토아 철학은 욕망을 아예 말살하도록 촉구하는 데 비해서 신플라톤 사상을 따른 어거스틴은 욕망을 지재하는 것으로 충분하다고 보며, 동물보다 나은 인간의 우월성은 바로 이점에 있다고 피력한다. 마니교에서 욕망 자체가 악이라고 하는 주장하는 사실에도 염두에 두고 있다).

켜야만 하고 인간의 영혼에 육체를 종속시켜야 한다.[117]

신적인 조명은 우리의 양심을 자연적인 법칙에 복종시켜서 우리에게 행동의 규칙을 명령하지 않는다. '하나님 안에 있는 나'는 마치 우리의 진리가 진리 자체에 참여하고 우리의 행복이 행복 자체에 참여하는 것처럼, 모든 사람은 자신의 영혼을 인간이 공유하는 진리자체에 일치시키고, 지혜 자체 안에 영원히 살아있는 덕 자체들을 불변하는 규칙들과 빛들에 일치시킴으로써 거룩하게 된다.

따라서, 네 가지 주요한 덕들, 즉 분별, 인내, 절제, 정의 등은 다른 근원을 가지고 있지 않다.[118] 절제는 세속적인 욕망을 억제하고 그것이 정신을 지배하지 않도록 한다. 절제는 정신과 반대되는 욕망을 억제함으로써 지혜를 얻는 방도들을 준비하지만, 그것은 단지 그 방도를 준비하는 것에 지나지 않는다. 누구도 정신과 육체 사이의 분쟁을 극복할 만큼 현세에서 현명하지 않기 때문이다.[119]

분별은 선과 악 사이를 구별한다. 그것은 우리가 해야 할 것과 피해야 할 것을 선택하면서 실수하는 것을 피할 수 있게 해준다. 분별은 우리에게 죄에 동의하는 것은 나쁘고 욕망의 유혹에 빠지지 않는다는 것을 보여 준다.

정의 역할은 각자에게 자신에게 속하는 것을 되돌려주는 것이다. 이 정의 때문에 인간에게 일종의 질서 확립된다. 결국, 이 질서는 육체를 영혼에 종속시키고 영혼을 신께 종속시킨다. 그러나 이러한 자연의 질서 지움은 우리에게 있어서 매우 불완전함으로 인내의 도움으로 점진적으로 발전되어

---

[117] De lib. arb., I, 8, 18.
[118] De lib. arb., II. 19. 52. 진리와 지혜는 모든 사람에게 공통된 선으로서 누구나 이것에 결속되면 지혜로워지고 행복해진다. 불변하는 규준들과 덕성(선에 결속하는 정신 자세)의 빛에 (자기) 정신에 순응함으로써 그렇게 된다. 어거스틴은 행복한 사람을 정의하여 불변하는 선에 결속하는 정신 자세라고 한다.
[119] De civ. Dei., XIX, 4, 3.

가야 한다. 인간은 그 자신이 자연적으로 그의 삶에서 최고의 선과 행복에 도달할 수 있다고 생각한다, 인내는 우리를 고통으로부터 자유롭게 하는 참된 행복을 기다리고 있는 동안 고통을 견딜 수 있도록 한다.[120]

이런 단계에 도달될 때만 어거스틴의 조명 이론은 완전한 의미가 있다.[121] 그렇다면, 우리는 조명 이론의 가장 중요한 표현이 '하나님은 영혼이 참된 생명이다'라는 형식에서 발견된다고 말할 수 있다. 하나님은 영혼에게 생명을 증여한다. 하나님은 영혼에 지혜, 경건, 정의 사랑 등 다른 덕들을 줌으로써 영혼에 생명을 준다.

이런 의미에서 신은 진정 영혼 그 자체가 육체와 관계에서 하는 것과 동일한 역할을 영혼 속에서도 한다. 말하자면 신은 우주의 참된 법칙으로서의 거룩한 질서를 영혼에 부여한다.[122]

---

[120] De civ. Dei., XIX, 4, 4. 롬 8:24-25 "우리가 소망으로 구원을 얻었으면 보이는 소망이 소망이 아니니 보는 것을 누가 바라리요 만일, 우리가 보지 못한 것을 바라면 참음으로 기다릴지니라"

[121] 어거스틴은 참된 철학자는 신을 사랑하는 사람이라고 정의하였다. 그것은 지혜에 대한 사랑(철학함)이 진리로서의 신의 빛을 갈구하는 인간의 동경이고, 결국 신에 대한 사랑을 포함한다고 보았기 때문이다. 진리를 인식할 수 있도록 신으로부터 오성을 빛의 선물로 받은 인간은 신을 찾는다. 이는 인간의 마음속에 진리가 선천적으로 자리 잡아, 이것이 빛이 되어 신에 대한 사랑으로까지 인도하기 때문이다.
신은 '우리는 비추시는(조명하시는) 아버지'(Pater illuminationis nostrae)이다. 이와 같은 의미에서 볼 때 진리는 만들어지는 것이 아니라 발견될 따름이다. 진리는 발견되기 전에 이미 존재한다. 진리의 발견은 인간의 내면의 빛(internum lumen)의 도움을 받아 되어지는 것이다. 그러므로 지성은 그의 대상을 육안이 아닌 心眼으로 보며, 진리는 영혼의 눈(oculus animae)에 의해서 밝혀진다. 곧 어거스틴의 조명론은 신의 조명이 인간 지성에 대하여 관념 발생적(ideogenetic) 내지 규범적(regulative) 기능을 한다고 본다.
발견되기 전에 스스로 존재하는 진리는 우리에게 인식될 뿐 아니라 우리를 쇄신한다. 불변의 진리가 개별 지성 안에 내밀하게 존재한다고 할 때, 참된 지성은 진리의 비추임을 받아 단순히 육체적 사물에 대한 올바른 판단만을 내리는 것이 아니라 결국은 진리의 삶을 살게 한다.
참조: 성염, "아우구스티누스의 진리로서의 신,"「철학적 신학」, 철학과 현실사 (1995), 197-238.

[122] De lib. arb., I, 7, 16. 어거스틴에게는 법과 질서의 모티브를 통해서 행악이 인간의 자유

카리타스는 우리가 사랑해야만 하는 것을 사랑하는 사랑이다.[123] 절대적인 선을 소유하는 것은 모든 것을 소유하는 것이다. 따라서, 그것을 소유한 사람에게는 그 외 다른 어떤 것을 가지는 것이 쓸모없다. 사실 쓸모없을 뿐만 아니라 해롭고 어떤 의미에서는 모순이다. 왜냐하면, 만약 어떤 사람이 다른 어떤 것을 첨가해서 절대적인 선을 가지기를 원한다면, 그는 사실상 그 밖의 것을 원하지 않고 이 선을 가질 것이기 때문이다.

더구나, 그가 지키려고 하는 제한된 선은 그를 선 자체에서 멀어지게 하고 선과 관계하는 것을 방해하기도 한다. 그러므로 하나의 유일한 경우만 존재한다. 이 경우에서 영혼의 행복은 영혼이 자신을 전적으로 잊어버리고 포기할 것을 요구한다.

이것이 바로 하나님의 사랑이다. 이것은 충만하게 보상받기 위해서 완전하게 포기하기를 원하는 유일한 사랑이다. 자신을 남김없이 내어주고 그

의지의 문제임을 논증하는 일인데, 우선 이성에 모든 것이 통제되는 모습이 질서 있는 인간의 모습이다. 그리고 인간에게 이성이 있음을 확증하는 뜻에서 어거스틴의 '*cogito*' 이론이 등장한다. 인간이 자기 생명을 의식하는 행위로부터 인간 영혼의 정신적 특성을 논증하는 이론에 접하게 된다.

[123] *Conf.*, 13. 7. 8. "그러므로 이해의 능력이 있는 사람은 이제 사도의 말씀, 즉 우리에게 주신 성령으로 말미암아 하나님의 사랑이 우리 마음에 부은바 됨이니(롬 5:5)라는 그 믿음의 뜻을 파악해야 합니다. 그런 사람은 또한, 우리에게 신령한 은사를 가르치며 제일 좋은 사랑의 길을 보여 주시고(고전 12:31). 우리가 모든 지식을 초월하신 그리스도의 사랑을 알 수 있도록 당신 앞에서 무릎을 꿇고 간구하는 사도의 말씀을 뜻을 파악해야 합니다(엡 3:14-19). 그러므로 모든 것을 초월하여 '위에 계시는' 성령은 처음부터 수면 위에 운행하셨습니다.
내가 누구에게 이 말을 해야 합니까?
우리를 심연으로 끌어내리는 정욕의 무게와 -처음부터 수면 위에 운행하셨던 당신의 영을 통하여 우리를 끌어올리시는- 당신의 사랑에 대하여 내가 어떻게 설명할 수 있겠습니까? 하나는 세상에 대한 사랑과 염려에서 해방되기를 사랑하게 함으로써 우리를 다시 위로 끌어올리는 당신의 거룩함입니다. 이러한 당신의 거룩함을 통하여 우리의 마음은 당신의 영이 수면 위에 운행하신 것, 당신이 계신 곳을 향해 오르게 됩니다. 이리하여 우리 영혼은 실체가 없는 수면을 통과하여 드디어 최상의 안식에 다다르게 됩니다."

럼으로써 최고선의 소유를 확보하는 사랑, 이것이 어거스틴이 카리타스라고 부르는 사랑이다.

하나님은 어떻게 우리에게 내어주시는가?

삼위일체 하나님과 사람 안에 있는 인간은 본성상 불완전한 존재로, 그 불완전성의 완성을 위하여 근원이신 하나님을 향해 필연적으로 이끌리게 된다.

어거스틴은 이처럼 인간을 이끌어 삼위일체 하나님을 보도록 해주는 힘이 바로 사랑이라고 한다.[124] 그는 인간이 이 사랑으로 하나님과 관계하며 자신을 초월하게 된다.

특히, 그는 피조물인 인간이 창조주이신 하나님을 사랑하지 않고는 자아를 완성할 수 없다고 한다. 그리고 그는 하나님 사랑이 하나님에게 되돌아가는 척도인 인간의 지혜와 믿음의 성장을 촉발하는 요소라고 하는 그만의 사상을 제시한다. 이에 대하여 아렌트(*Hannah Arendt*)는 어거스틴이 말하는 이러한 하나님 사랑이란 인간이 자신을 행복하게 만들어 줄 가장 자기다운 것을 소유할 가능성이라고 말한다.[125]

영원한 사랑을 추구하는 인간은 부단히 생명의 주인이신 하나님을 사랑하며 닮으려 애쓴다. 회심 전 어거스틴은 세상 것에 정신이 팔려있었기

---

[124] *De trin*., VIII, 7, 10; 우리는 무엇이 참사랑이냐, 아니면 무엇이 사랑이냐 하는 것을 주로 고찰해야 한다. 참된 사랑이라야 사랑이라고 부를 것이며 그렇지 않은 것은 욕망이다. 욕망을 품은 사람들을 사랑하는 사람이라고 하는 것은 잘못된 말이며 사랑하는 사람들이 욕망을 품었다고 하는 것도 잘못이다.

그러나 우리가 의롭게 살기 위해서, 또 다른 사람들도 의롭게 살기 위해서 그들을 사랑하며 그 사랑 때문에 모든 무상한 것을 멸시하며 진리에 밀착하는 것이 진정한 사랑이다. …성경에 "하나님은 사랑이시라. 사랑 안에 거하는 자는 하나님 안에 거하느니라"고 한다(요일 4:16).

따라서, 그는 반드시 무엇보다도 하나님을 더 사랑한다. 참조: *De trin*., ⅩⅤ, 19, 37.

[125] 한나 아렌트, 『사랑의 개념과 성 아우구스티누스』, 서유경 역 (서울: 도서출판 텍스트, 2013), 49.

때문에 자신의 마음 깊숙이에 계신 하나님을 볼 수 없었다.[126] 그러나 회심한 그는 하나님을 사랑하여 자신의 마음속 깊이 들어가 하나님을 발견함과 동시에 자아를 발견하게 되었다.[127]

하나님은 인간의 마음속 깊은 곳에 머무시는 분이시기에 그가 자신 안으로 들어가 그 자신이 세상에 속한 일을 포기하고 오직 하나님에 대한 사랑에만 몰입하여 하나님을 뵙고 동시에 자아를 찾게 된 것이다.[128]

어거스틴은 참 자아를 찾아 본래의 하나님 모상을 재창조하는 변화의 여정에 대하여, '자신에게 돌아가라', 그리고 '자신에 대해 깨달아라', 그런 다음 '자신을 초월하라'고 말한다. 이는 참사랑인 하나님에 이르기 위한 전제로 인간이 자기 자신을 먼저 알아야 한다고 강조한다. 그는 인간이 참사랑을 누리기 위해서는 존재, 지식, 사랑(생명)이라는 '사람 안에 있는 삼위일체'를 통하여 자기 자신에 대해 깨달아야 한다고 말한다.

이렇게 자아를 성찰함으로써 그는 자기 안에 있는 불완전한 자아를 깨닫게 되고 이에 따라 완전하신 하나님을 더욱 사랑하게 되었다. 여기서 하나님을 사랑함이란 창조 때의 모상으로 재창조된 자기에 대한 초월적 사랑으로, 그리스도를 따름으로써 자신이 재창조될 것임을 믿고 하나님의 부르심에 순종하는 것이다. 그러므로 그는 하나님과의 관계에서 바람직한 인간의 태도란 삶 전체가 오직 하나님만을 바라보는 것이 즐거움이 되어야 한다고 말한다.

---

[126] *Conf.*, VII, 10, 16. 플라톤 사상이나 어거스틴의 사상은 다 인간의 내면의 세계(homo interior)에 눈을 뜨게 해준다. 그러나 어거스틴의 사상이 플라톤주의 철학과 다른 점은 하나님의 도우심을 말하고 있다는 점이다. 즉, 하나님의 도우심으로 밖에서 영혼 앞으로, 그리고 자기 영혼을 초월하여 하나님에게로 향하는 혼의 지향을 말하고 있는 점이다. 참조: *De ver. rel.*, 39, 72.

[127] Paul Rigby, *The Theology of Augustine's Confessions* (New York: Cambridge University Press, 2015), 18.

[128] 한나 아렌트, 『사랑의 개념과 성 아우구스티누스』, 74-7.

어거스틴은 하나님을 현현하도록 하는 힘이 사랑 안에 있다고 보았다.[129] 하나님에 대한 강한 사랑이 사랑 자체인 성령께서 활동하게 하여 인간을 삼위일체 하나님이신 성부, 성자, 성령과 묶어주어 창조 때의 모상으로 재창조시켜 준다고 보았다. 이처럼 영적 체험을 어거스틴에게 변화는 인간이 하나님을 뜨겁게 사랑함으로써 사랑이신 성령께서 삼위일체 하나님과 사람 안에 있는 삼위일체를 결합함으로써 인간을 참된 행복으로 이끄는 과정이라고 본다.[130]

곧, 그리스도 안에서의 변화란 성령에 의하여 인간의 불완전한 지식이 그리스도라는 참지식과 결합하고, 인간이라는 죽을 운명의 비존재가 존재 자체인 영원하신 하나님과 결합함으로써 영원한 행복을 누리게 되는 지혜를 통한 재창조 과정이고, 믿음을 통한 재창조 과정이라 할 수 있다.

당연하게 하나님의 사랑이 증가하면 정의는 그것 안에서 성장한다. 만약 하나님의 사랑이 완전하게 되면 영혼의 정의 또한, 완전하게 된다.[131] 완전하게 실현된 신의 사랑은 완벽하게 현실화된 거룩한(도덕적) 삶과 같다.

결과적으로 최고선을 절대적으로 사랑하고 기탄없이 카리타스를 소유하는 것은 사랑과 모든 거룩한(도덕적) 삶의 목적이다. 이러한 것이 참인 한, 완전함에 이른 하나님의 사랑이 영혼 전체를 완전하게 점유하고 충만하게

---

[129] *De trin.*, XV, 18, 32 ; 사랑이 없는 믿음은 있을 수도 없고 유익을 주지 못하므로 믿음 자체도 사랑이 있어야 유익하다. … 하나님에게서 오며 그 사랑은 특히 성령이며 이 성령에 의해서 하나님의 사랑이 우리 마음에 부은바 되며 이 사랑에 의해서 삼위일체 전체가 우리 안에 거하신다. 그러므로 성령은 하나님이시지만 또한, 성령을 하나님의 선물이라고(행 8:20) 부르는 것은 합당한 일이다.
사랑은 사람을 하나님께 데려가며, 사랑이 없으면 하나님의 어떤 다른 선물도 사람을 하나님께 데려갈 수 없으므로, 성령을 특히 하나님의 선물이라고 부를 때의 그 선물은 사랑이 아니고 무엇이라고 해석할 수 있는가?
참조: *De trin.*, XV, 19, 37.
[130] 한나 아렌트, 『사랑의 개념과 성 아우구스티누스』, 74-7.
[131] *De trin.*, XV, 23, 44.

한다. 당연히 영혼 안에는 그 외 어떤 것을 위한 어떠한 공간도 더 이상 없다. 허접한 것들을 쌓아둘 공간이 필요 없다.

따라서, 영혼이 행한 모든 것은 순수한 카리타스에 의해서 이뤄지고 영혼의 행위 각각은 그것이 무엇이든지 하나님의 완전하고 절대적인 사랑으로부터 출발한다. 그 결과 영혼이 행한 모든 것은 오류 없이 선한 것이 된다. 그래서 어거스틴에 의하면 하나님은 진리자체요, 존재의 근원이요, 인간이 바라고 나아가는 것은 최고선이므로 이 최고선을 바라고 소유한다는 것은 하나님을 바라고 소유한다는 뜻이다.

"그대가 누구인지 얼마나 위대한지 우리한테 끊임없이 가리켜 보이며, 그대를 지시함이야말로 모든 피조물의 영예입니다"라고 곧 그를 사랑한다는 것이라고 말한다.[132]

이러한 명제는 참이고 그것의 진리는 절대적이다. 그러나 그것은 오직 완전한 카리타스에 있어서만 유효하다.

만약 카리타스가 불완전하다면, 그리고 누가 감히 완전히 순수한 사랑을 가지고 하나님을 사랑한다고 자랑할 것인가?

그 명제는 오로지 상대적으로 참이고 카리타스의 정도에 비례하여 참이 된다.

그러므로 누가 모든 탐욕을 철저하게 정복해서 카리타스만이 완전하게 그의 영혼을 채웠다고 주장할 것인가?[133]

최상의 영혼들을 일탈하게 하는 자기를 향한 경향에 쉽게 빠지는 것을 허락하는 것과는 거리가 먼 어거스틴의 가르침은 그것의 순수성에 도달할 수 없는 이상적인 것의 표현으로 남는다. 그러나 그것이 의미하는 것은 우

---

[132] De lib. arb., II, 16, 43.
[133] De lib. arb., III, 16, 45.

리의 영혼들을 점점 카리타스에 스며들도록 하는 것이 우리에게 과해진 책무라는 것이다.

결국, 어거스틴의 사랑 개념의 카리타스는 우리 안에서 탐욕에게 승리하는 한 자기의 뿌리 안에 있는 거룩한 의지의 움직임들에 우리를 맡길 수 있도록 하는 것이고, 바야흐로 선한 결실들 외에 다른 것은 아무것도 산출하지 않을 것이다.[134]

이러한 학설의 또 다른 결과는 카리타스를 거룩한(도덕적) 삶의 원리로 삼는 것이 거룩성(도덕)의 폐기가 아니라는 것이다.[135] 어거스틴이 파악하고 있는 것처럼 사랑은 본질적으로 능동적이다. 운동과 행동의 원리이다. 따라서, 카리타스는 사랑이기 때문에 그것이 가치 있고 생산적 일들 안에서 자발적으로 확장하도록 그것을 실행해야 한다.[136]

이런 연유로 거룩한(도덕적) 삶에서 가장 추상적인 것 즉, 순수한 사랑과 우리의 일상 행동 중 가장 구체적인 모습 사이에 친밀한 관계가 쉽게 성립된다. 하나님의 사랑은 이것을 표현하는 행위들에서 자연스럽게 꽃핀다. 그리고 이것이 바로 거룩성(도덕성)이 필연적으로 하나님에게서 나와야만 하는 이유이고, 거룩한(도덕적) 삶이 완전한 단일성을 가지게 하는 깊은 근원도 발견하게 된다.

신은 무엇인가?

그는 절대 선이고 완전한 사랑과 애덕의 대상이다.

그러나 여전히 신은 무엇인가?

그는 자신의 최고의 완전함을 위해서 그가 가지고 있는 완전한 사랑이

---

[134] *De lib. arb.*, III, 7, 21. 이런 이유에서 사랑은 정확하게 탐욕에 반대되는 것이다.
[135] *De ver. rel.*, XXXX VII, 92.
[136] *De ver. rel.*, XXXX VIII, 93.

다. 결과적으로 신[137]이다. 여기서 새로운 결과가 아주 확실하게 나타난다. 하나님은 사랑이다. 거룩한(도덕적) 삶은 사랑이다. 그래서 신은 우리와 함께 있어야만 한다.[138] 우리가 사랑으로 살기 위해서는 하나님 즉, 카리타스를 향하여 나가야 하고 동시에 미래의 행복에 대한 담보로서 신의 사랑을 소유해야 한다.

사실 카리타스는 우리가 신을 획득하는 수단만은 아니다. 그것은 이미 소유된, 획득된 신이고, 우리에게 행한 그 자신의 은사에 의해서 우리 안에서 순환하는 하나님이다.[139]

따라서, 카리타스는 신의 소유에 대한 담보와 같다. 그러나 그것은 담보 이상의 어떤 것이다. 왜냐하면, 담보는 돌려주어야 하기 때문이다. 반면에 신의 카리타스는 단 한 번 주어지면 결코 되돌릴 필요가 없을 것이다. 그러므로 우리가 카리타스를 담보를 잡고 있다고 말하지 말고, 오히려 사랑에 대한 보증하고 있다고 말해야 한다.[140]

어거스틴에게 있어서 이런 학설은 신비적 풍요의 일시적인 도약과 같은 것이 아니다. 이것은 오히려 기독교인의 삶의 가장 필수적인 요구를 나타내준다. 그래서 그는 이것을 그가 아는 모든 사람에게 알리고 싶어 했다. 어거스틴은 내적 부유함은 지혜에 두었다. 어떤 영혼이 지혜롭다면 그 지혜로 말미암아 지혜롭고, 무엇이 행복하다면 어디까지나 그 상급으로 말미암

---

[137] 어거스틴에게 카리타스라는 용어는 두 가지 의미가 있다. 하나는 신이라는 실체적인 카리타스이고, 다른 하나는 영혼에서의 신의 사랑이라는 것이다. 참조: *De trin.*, XV. 19, 37.

[138] *De ver. rel.*, XXXX VII, 90.

[139] *De ver. rel.*, XXXX VI, 89.

[140] *De trin.*, X V, 18, 32. 이 카리타스의 개념으로부터 두 가지 결과가 나온다. (i) 신앙, 희망 그리고 카리타스이다. 그런데 카리타스는 사라지지 않는 유일한 덕이다. *De trin.*, XV, 37. (ii) 그리고 카리타스는 영혼은 영혼에 의해서 소유된 신의 선물이기 때문에, 신이 우리에게 증여할 수 있는 가장 위대한 선물이다(고전 1-3).

아 행복해지는 것이다.

어느 누구도 하나님 안에 있으면 인간들의 기도를 들어줄 것이고 따라서, 하나님 안에서 나의 기도를 들어줄 것이다. 누구든지 하나님을 자기의 선(善)으로 모시고 있는 자는 하나님 안에서 우리를 도울 것이고 따라서, 우리가 그 선에 참여한다고 해서 질투하지 못할 것이다.

"이 하나의 존재만을 숭배하는 자야말로 최고의 선을 자기편으로 모셔 들이는 것이 아니겠는가?"[141]라고 하면서 어거스틴은 지혜를 얻는 단계를 7단계로 분명하게 제시하였다.

첫 번째 단계는, 하나님을 두려워하는 것이다.

두려움은 필연적으로 죽을 운명과 눈앞에 있는 죽음을 생각하도록 자극하며, 마치 우리의 육신을 십자가에 달듯이 우리의 교만을 십자가에 달듯이 우리의 교만을 완전히 십자가에 달아 억제하게 한다.[142]

두 번째 단계는, 경건한 마음으로 우리의 마음을 복종시켜 성경에 반대하지 말아야 한다. 성경에 있는 말씀은 비록 그 뜻을 이해할 수 없더라도 인간의 지혜보다 더 현명하다는 것을 받아들여 얻으려고 해야 한다.[143]

세 번째 단계는, 지식의 관련하여 경건한 변화의 단계이다.

성경을 읽음으로써 일시적인 것들에 대한 사랑에 빠져서, 성경이 명령하는 사랑, 즉 하나님과 이웃에 대한 사랑에서 멀어졌다는 것을 깨달아야 한다.[144]

---

[141] *De ver. rel.*, LV, 112.
[142] *De doct. chr.*, I, 7, 9.
[143] *De doct. chr.*, I, 7, 9.
[144] *De doct. chr.*, I, 7, 10.

네 번째 단계는, 힘과 결심을 얻게 되는 단계이다.

이 단계에서 무상한 것들에 대한 애착, 즉 죽음에 이르게 하는 기쁨을 끊어버리고, 방향을 바꿔 영원한 것, 변함없는 삼위일체에 애착하게 되는 단계이다.[145]

다섯 번째 단계는, 자비와 실천의 단계(counsel of compassion)이다.

이 단계에서는 낮은 것들에 대한 갈망 때문에 동요와 혼란에 빠진 영혼을 씻어, 온갖 추악한 생각을 없애버리고, 이웃에 대한 사랑을 열심히 실천하는 단계이다.[146]

여섯 번째 단계는, 세상에 대해서는 죽고 하나님만을 볼 수 있는 단계이다. 심정이 진지하고 청결해서, 사람들을 기쁘게 하거나 세상 고생을 피하고자 진리를 등지는 일이 없다.

일곱 번째 단계는 지혜의 단계에 올라서는 단계이다.[147]

하나님 안에 있어 하나님의 사랑을 평화롭고 고요하게 누리는 부요한 단계이다. 마음(영혼)을 다해, 뜻(의지)을 다해, 힘을 다해, 즉 '전부'를 하나님께 사랑하는 방도를 맡기는 것에 동의하게 되는 것이다. 하나님의 카리타스 사랑에 응답하는 교제의 사랑을 갖게 되는 단계이다.

전부를 요구하시는 하나님의 사랑과 어거스틴의 사랑의 응답을 다음과 같이 표현하고 있다.

그러므로 우리의 지성(intellegiums)과 진리 자체 사이에는 어떠한 피조물도 가로 놓여 있지 않다 우리가 하나님을 아버지로 인식하는 우리의 지

---

[145] *De doct. chr.*, I, 7, 10.
[146] *De doct. chr.*, I, 7, 11.
[147] *De doct. chr.*, I, 7, 11.

성(*intellegiums*)과, 우리가 그분을 인식하게 만드는 내면의 빛이신 진리 사이에는 어떤 피조물도 끼어 있지 않을 것이다. 그러므로 어느 면에서도 그분으로부터 다른 점이 없이 없으신 이 진리를 우리는 그분 안에서, 그분과 더불어 사랑한다.

이분은 만유의 형상이시니, 그 모든 존재는 그 일자 안에서 창조되었고 그 일자에게로 향하는 것이다. 따라서 영적인 영혼들에 만유가 이 형상을 통해 창조되었음과 만유가 동경하는 바를 오로지 이 형상이 충족시켜 주실 수 있음이 밝히 드러난다.

그러나 하나님이 최고로 선하신 분이 아니라면 만유가 성자를 통하여 성부께로 조성되지도 않았을 것이고 사물마다 각자의 테두리 내에서 온전한 사물로 존속하지 못할 것이다. 그분은 어느 자연물도 시기하지 않으신다. 당신 덕분에 그것이 선할 수 있는 연고다.

그리고 그것들이 어느 것은 하고 싶은 만큼, 어느 것은 할 수 있는 만큼, 선 자체 안에서 존속되게 허용하신다. 그러므로 우리는 성부와 성자와 더불어 하나님의 선물이신 분도 동일하게 불변하시는 분으로 사랑(숭배)해야 지당하고 아울러 우리가 향유해야만 한다.

단일한 실체의 삼위이시자 유일하신 하나님, 그분에게서 우리가 존재하고 그분을 통해 존재하며 그분 안에서 존재한다. 그분에게서 우리가 멀어졌고 그분과 달라졌으며 그럼에도 불구하고 우리가 멸망하게 버려두시지 않으신 분은 그분이시다.

그분은 우리가 되돌아가는 원천이시고, 우리가 뒤따라가는 형상이시며, 우리가 화해하는 은총이시다. 그분은 일자이시니, 그분을 창조자로 하여 우리가 만들어졌고, 그분과 비슷함 때문에 단일성을 형성해 가며, 그분과의 평화로 인하여 이 단일성에 우리가 결합되어 있다.

생겨라! 하신 분이 바로 이 하나님이시다. 그리고 말씀, 그분을 통해서 모든 것이 만들어졌고 실체와 본성을 갖추어 만들어졌다.[148]

어거스틴은 하나님의 자애(*benignitas*)의 선물, 그분의 사랑 덕택에 피조물이 하나님 마음에 드는 자가 되었고 자기 창조주께 화해가 되었으며, 말씀을 통하여 하나님께서 창조된 것이라면 어느 하나도 잃지 않게 되었다고 말한다. 유일하신 하나님, 그분을 창조주로 하여 우리가 살아있고, 그분을 통하여 쇄신됨으로써 지혜롭게 살아가며, 그분을 사랑하고 그분을 향유하는데 가운데 우리가 행복하게 산다고 한다.

결국, 하나님을 향유하며 사는 것이 어거스틴의 거룩성이다. 즉, 우리에게 있는 모든 것을 주신 하나님께 우리의 생명과 지혜(지력)를 남김없이 마음을 다하여 뜻을 다하여, 힘을 다하여 완전히 집중하라는 것이다.[149]

그의 사랑 개념은 본질 속에는 지혜(지성)를 바탕으로 한 신앙의 방향성, 사랑으로 연합된 관계성, 사랑의 대상을 닮아가는 거룩성을 드러내고 있다. 어거스틴의 사랑 개념은 양방향이다.

하나님 카리타스에 응답으로서의 카리타스이다. 하나님의 사랑을 획득한자는 하나님의 사랑의 응답을 하는 것이 하나님과의 사랑의 관계성을 제대로 맺는 것이다. 결국, 어거스틴은 자기 발견을 '하나님과의 교제의 사랑'에서 하게 된 것이다.

---

[148] *De ver. rel.*, LV, 113.
[149] *De doct. chr.*, I, 22, 21.

결론

1. 요약

어거스틴의 사랑(*caritas*)은 한마디로 표현한다면 질서의 사랑이다. 질서의 사랑의 의미는 세 가지이다.

첫째, 바른 대상을 사랑하는 것이다.
둘째, 바른 대상과의 연합이다.
셋째, 사랑하는 대상처럼 사는 것이다. 그의 사랑의 바른 대상은 하나님이다.

어거스틴은 인간의 영혼이 하나님께로 향하는 지향성(*intentio*)을 카리타스라는 독특한 말로 표현하였다. 그 이유는 다음과 같은 어거스틴의 카리타스 개념 때문이다.

첫째, 어거스틴의 사상은 신 중심적인 사상이다.
어거스틴의 사상은 전적으로 영혼과 신의 일치를 목적으로 하고 있기 때문에 그의 사상은 신 이외에 다른 핵심을 가질 수 없다.

어거스틴은 인간이 최고의 선에게로 가는 지향성의 방도를 인식의 질서 속에서부터 찾으려 하였다. 인간은 무로부터 생긴 창조물로서 근본적인 불충분성을 본래 가지고 있다. 신은 인간의 공허와 무에 빛을 비추어서 하나님에게로 향하게 한다.

　이러한 것이 어거스틴이 내적인 삶의 영역에서 보여 주고자 하는 기초적인 진리이고 그 자신의 고통스러운 경험의 열매이다. 어거스틴적인 신의 조명은 인간에게 생명을 주는 카리타스의 사랑이다.

　신은 자신을 카리타스를 통해 자신을 알게 하시고, 카리타스의 사랑은 우리가 신을 향해 나가도록 방향을 제시하신다. 영혼의 공허로 인한 오랜 삶의 고통의 경험을 통해 신은 먼저 우리에게 다가오시고, 먼저 신을 스스로 알리시고, 우리의 영혼을 재탄생시키신다는 것이 어거스틴의 사랑 개념이다.

　요한에 따르면 카리타스는 근본적으로 신의 선물이기에 그것은 신 자신이다. 다만 카리타스를 받아들임에 있어서 우리가 신을 받아들인다면, 그가 하늘에 있는 것처럼 은총에 의해서 우리 안에 계신다.

　신은 은총을 통해 우리에게 신을 더 사랑하도록 하는 사랑을 준다. 결국, 우리는 신이 먼저 우리를 사랑했다는 이유에서 신을 사랑한다. 다른 곳보다 여기서 신은 내면으로부터 영혼에 운동과 생명을 준다. 그러므로 어거스틴은 신의 사랑(*caritas*)는 우리를 은총으로 만나주시는 사랑에 사랑의 방향성을 제시하는 것이다.

　둘째, 의지는 본질적으로 사랑 또는 기쁨이라고 말한다.
　일종의 내면적 무게는 의지를 다른 것보다 어떤 대상에로 향하여 끌어당긴다. 의지를 다른 목적들로 향하도록 하는 이런 움직임이 바로 의지의 자유다. 의지가 기뻐하는 대상이 무엇이든지 간에 의지는 자유롭게 대상에 대해서 기꺼워한다.

의지를 다른 것이 아닌 그런 목적으로 이끌게 하는 매력의 근원이 무엇이든지 간에 그를 끄는 힘은 그것의 자유를 위태롭게 할 수 없다. 왜냐하면, 이 매력은 자유를 표현하는 선택 자체이기 때문이다.

그렇다면 은총은 자유에 어떤 영향을 미치는가?

그것은 악의 기쁨을 선의 기쁨으로 바꾼다. 타락한 인간의 의지에 의해서 실현 불가능한 법은 은총의 상태 안에 있는 인간에게 사랑과 기쁨의 대상이 된다. 카리타스는 인간이 자발적으로 그의 기쁨을 발견하게 하는 은총에 의해 영혼 속에 영감 된 신의 사랑과 신의 정의이기 때문이다.

카리타스는 신의 의지의 사랑이다. 그런데 이 사랑은 죄가 파괴한 것이고 은총이 회복한 것이다. 하나님의 은혜 역사는 성령을 통해서 우리 마음에 불어넣어 주시는 사랑의 주입(*infusio caritatis*) 혹은 새롭고 선한 의지를 재창조해 주시는 역사이다.

다른 말로 표현하면, 창조와 보전, 그리스도의 성육에서 나타난 하나님의 은총은 이제 성령을 통해서 내면화되도록 역사하시는 것이다. 이 상태를 하나님과의 의지의 연합이라고 어거스틴은 말한다. 신과의 의지의 연합은 우리에게 향한(*pro nobis*) 하나님의 은혜는 성령의 내재로 인하여 우리 안에(*in nobis*) 하나님의 은혜는 성령의 내재로 인하여 우리 안에(*in nobis*) 계시는 하나님으로 체험하게 된다.

어거스틴의 카리타스 사랑은 신과의 참사랑을 나누는 새로운 연합성을 열어준다. 어거스틴의 사랑 개념(*caritas*)은 인간 각자의 자유로운 의지와 하나님의 카리타스의 은총의 역사가 기묘하게 조화하고 공존하는 것이다.

셋째, 어거스틴은 인간은 하나님으로부터 질서 의식(*conscientia*)을 받았다고 한다.

타고난 인식을 어거스틴은 인간에게 남겨진 하나님의 흔적이라고 말한다. 이 흔적은 하나님의 형상 즉, 하나님과 닮은 형태이다. 하나님과 인간의 카리타스는 삼위일체 하나님과 사람 안에 있는 삼위일체가 성령에 의한 사랑의 끈으로 결합함으로써 인간들은 세상을 살아가며 하나님에 대한 믿음과 지혜가 성장하면서 하나님을 모습을 닮은 거룩한 존재로 재창조된다는 어거스틴의 카리타스의 요지이다.

이처럼, 어거스틴의 카리타스 개념을 하나님에게서 우리에게 오는 사랑으로 정의하였다. 어거스틴은 하나님의 사랑(caritas)은 우리에게 사랑해야 할 대상, 즉 방향성을 제시하고, 하나님의 의지(意志)와 연합하게 하고, 예수님 닮은 거룩성을 제시하는 참사랑이다.

어거스틴의 사랑 개념은 성경적이라 볼 수 있다. 어거스틴에 있어서 하나님의 사랑은 제일 먼저 온다. 하나님은 사랑이므로 세상을 창조하시고(create) 또한, 재창조(recreate)하신다. 그는 사랑이기 때문에 그의 말씀을 통해서 부르시고(call) 또 부르시는(recall) 것이다.

이렇듯 창조하고 재창조하시며, 부르고 또 부르시는 하나님의 사랑(caritas)은, 인간의 사랑을 왜곡으로부터 전환해 하나님을 향하게 하고 그와 연합하게 함으로써, 인간은 하나님의 사랑에 응답하게 하셔서 사랑을 완성하신다.

인간의 카리타스는 그 사랑에 응답하는 것이다. 사랑이신 하나님은 우리에게 사랑을 가르치시고 우리가 마음(영혼)을 다해, 뜻(의지)을 다해, 힘(지혜)을 다해 사랑하는 것이, 하나님과 교제의 사랑을 제대로 하는 것이고 참사랑에 응답이다.

'하나님의 사랑'과 하나님께 응답하는 '인간의 하나님 사랑'을 동시에 포함한다. 어거스틴의 사랑 개념은 하나님의 사랑에 인간이 어떻게 응답해야 하는지를 구체적으로 제시한 상호 관계적 사랑 개념이다.

그러므로 어거스틴의 사랑 개념은 신 중심적 교제의 사랑이다. 하나님과 우리의 사랑은 그 사랑이 향하는 존재의 존엄성에 따라서, 질서 지워져야 한다. 이렇듯 사랑의 질서가 이루어질 때 모든 존재에 대한 우리의 사랑이 제자리를 찾게 되고, 사랑의 우선순위가 이루어져 가치관의 혼란을 방지할 수 있을 것이다.

이 책은 하나님의 사랑을 모르는 사람들에게 하나님과의 교제의 사랑을 제대로 알리고 싶은 것이었다. 또한, 소외와 결핍으로 고뇌하는 현대인들에게 하나님의 사랑의 충만함으로 채워지길 바라는 동기와 목적을 가지고 어거스틴의 사랑 개념을 관계적 측면에서 사랑의 방향성, 연합성, 거룩성을 연구한 것이다. 어거스틴이 주장하는 사랑의 질서를 통해 우리가 하나님 안에서의 피조물로서의 고상한 품격을 살게 하는 실제적 제안을 제공하고자 하였다.

이와 같이, 이 책을 통해 하나님과 바른 관계적 사랑, 교제의 사랑을 제시하고자 한 것이 본 연구의 공헌이다.

그러나 이 책은 하나님과의 긍정적인 교제의 사랑의 요소를 연구한 까닭에 하나님과의 교제가 되지 않을 때 인간의 욕망과 종교적인 태도에는 전혀 접근하지 못했다는 것이다. 이 책의 미비한 점을 다음 연구자에게 다음과 같이 제언하고자 한다.

2. 제언

이 책은 "어거스틴의 사랑 개념 연구"를 마치고 **세 가지** 면에서의 연구를 제언하고자 한다.

첫째, 어거스틴의 카리타스의 사랑에 기초한 사랑 모델 연구를 제언한다.

이 책에서는 관계적 측면에서의 어거스틴의 사랑 개념의 본질을 연구하였다. 본서의 주제인 관계적 사랑 개념에 내포된 사랑의 방향성, 사랑의 연합성, 사랑의 거룩성에 기초한 실천적인 연구를 한다면 소외와 결핍을 경험하는 현대인들에게 구체적인 '사랑의 모델'을 제시할 수 있다고 본다. 이와 같은 연구는 하나님의 빛을 세상에 따뜻하게 비출 수 있는 대안이라고 생각한다.

둘째, 본서는 연구하지 않은 욕망을 기초한 환상에 관한 연구를 제언한다.

어거스틴은 타락한 종교를 인간의 욕망의 산물이라고 하였다. 욕망은 환상과 서로 밀접하게 연결되어 있어, 욕망과 환상은 상호 작용을 통해 하나의 조직적인 왜곡 현상을 빚어낸다.

이것이 종교의 타락을 빚어내는 주범이라고 주장한다. 어거스틴은 우리의 환상 속에 종교를 세우지 않도록 해야 한다고 힘주어 강조한다.[1] 욕망을 기초한 환상에 관한 연구는 본서에서 연구하지 못한 참된 종교의 정체성을 제시하는 연구가 될 것이다.

셋째, 어거스틴의 사랑 개념을 토대로 한 사회 개혁적 연구를 제안한다.

본서는 카리타스 개념을 연구하면서 본 연구에서는 반영하지 못했지만 사랑 개념이 형성되기까지의 심리적 배경을 생각해 보았다. 그의 사랑 개념의 형성 배경에는 어거스틴의 로마 제국의 쇠퇴라는 불안감을 가지고 있었다고 본다.

그의 대저작(大著作) 『하나님의 도성』에서도 정치 경제, 그리고 일상생활 책무들로 이루어진 물질세계의 초조한 좌절을 벗어나고 싶은 기대감을 유

---

1 *De ver. chr.*, LV, 108.

추할 수 있다. 그러한 배경에서 탄생한 카리타스 개념은 사회정의 구현을 기초하고 있다고 본다.

한나 아렌트도 이런 점에 근거하여 그녀의 논문에 어거스틴 사랑 개념을 중심에 두었다고 본다. 이와 같은 이유로 본 저자는 어거스틴의 사랑 개념을 토대로 한 사회 개혁적 연구를 제언한다.

참고문헌

국내 서적

김경희. 『발달 심리학』 서울: 학문사, 2009.
김규영. 『아우구스티누스의 생애와 사상』 서울: 형설출판사, 1980.
김중술. 『신 사랑의 의미』 서울: 서울대학교 출판부, 1995.
문시영. 『아우구스티누스와 행복의 윤리학』 서울: 서광사, 1996.
선한용. 『시간과 영원』 서울: 대한기독교서회, 1998.
안명준. 『성경 조직신학』 서울: 성경말씀사관학교, 2014.
양명수 외. 『오늘의 어거스틴』 서울: 대한기독교서회, 1997.
고원석, 김도일, 박상진, 양금희, 이규민, 장신근, 『기독교교육개론』 서울: 장로회신학대학교기독교교육연구원, 2013.
이석우. 『아우구스티누스』 서울: 민음사, 1995.
이경재. 『설교자를 위한 어거스틴의 고백록』 서울: CLC, 2013.
최혜경 외. 『사랑학』 서울: 교문사, 2004.
한국청소년개발원편. 『청소년심리학』 서울: 교육과학사, 2004
한국청소년개발원. 『청소년심리학』 서울: 교육과학사, 2004.
한상철. 『청소년학』 서울: 학지사, 2008.
허혜경. 김혜수. 『청년발달심리학』 서울: 학지사, 2002.

번역 서적

Arendt, Hannah. 『사랑의 개념과 성 아우구스티누스』, 서유경 역. 서울: 도서출판 텍스트, 2013.
Augustinus. 『참된 종교』, 성염 역. 서울: 분도출판사, 2017.

_____.『은혜론과 신앙론』, 김종흡 역. 서울: 생명의말씀사, 1997.
_____.『아우구스티누스의 후기 저서들』, 이형기 외 1인 역. 서울: 두란노 아카데미. 2011.
_____.『어거스틴의 자유의지론』, 박일민 역. 서울: 풍만출판사, 1985.
_____. Confessions.『성 아구스티누스 고백록』, 김기찬 역. 서울: 크리스챤 다이제스트, 2000.
_____. Confessions.『고백록』, 선한용 역. 서울: 대한기독서회, 2014.
_____.De civitate Dei.『하나님의 도성』, 김종흡 외 1인 역. 서울: CH북스, 2017.
_____.De Trinitate.『삼위일체론』, 김종흡 역. 서울: 크리스챤다이제스트, 2014.
_____.De Doctrina Christiana.『기독교 교양』, 김종흡 역. 서울: 크리스챤다이제스트, 2017.
_____.『신앙핸드북』, 심이석 역. 서울: 크리스챤다이제스트, 1999.
Brown, P.『어거스틴 생애와 사상』, 차종순 역. 서울: 한국장로교출판사, 1998.
Brunner, Emil.『정의와 사회질서』, 전택부 역. 서울: 대한기독교서회, 2007.
Elliot, Aronson W.『사회심리학』, 구자숙 외 역. 서울: 탐구당, 2002.
Gilson, Etienne.『아우구스티누스의 사상과 이해』. 김태규 역. 서울: 성균관대학교출판부, 2010.
Hamilton, N. Gregory. Self and Others: Object Relations Theory in Practice.『대상관계 이론과 실제』, 김창대 외 역. 서울: 학지사, 2013.
Kung, Hans.『그리스도교: 본질과 역사』, 이종한 역. 서울: 분도출판사, 2002.
Tolstoi, L.『인생이란 무엇인가』, 김근식 외 역. 서울: 동서문화사, 2005.
Muuss, Rolf E.『청년발달의 이론』, 정옥분 외 역. 서울: 양서원, 2003.
New Yorkgren, A. Agape and Eros : The Christian Idea of Love.『아가페와 에로스』, 고구경 역. 서울: 크리스천다이제스트, 1998.
Sternberg, R. J.『심리학, 사랑을 말하다』, 김소희 역. 서울: 21세기북스, 2010.
Tillich, Paul.『사랑. 힘. 정의』, 남정길 역. 서울: 전망사, 1986.
후스토 L. 곤잘레스.『기독교사상사』(Christian Thought Revisited), 김종희 역. 서울: CLC, 2004.

국내논문

김주한. "어거스틴의 사랑론."「한국교회사지」제15호 2004, 101-28.
박남숙. "대학생의 자아 정체성 수준이 이성교제 만족도에 미치는 영향."「한국심리학회지: 상담 및 심리치료」제17권 (2005), 197-215.
박영실. "어거스틴 구원론에 관한 소고."「성경과 신학」제82집 2017, 215-49.
문시영. St. Augustine on Caritas.「기독교사회윤리」제5집 2002, 209-31.
서병창. "카리타스에 의한 에로스와 아가페의 종합."「한국중세철학회」10권 10호 2004, 119-59.
성염. "아우구스티누스의 진리로서의 신."「철학적 신학」철학과현실사 1995, 197-238.
선한용. "플라톤주의와 어거스틴."「신학과 세계」제26권 1993, 189-212.
양선건. "아우구티누스의 덕과 덕의지."「철학탐구」제41집 2016, 33-58.
이우금. "기독 청년과 비기독 청년의 사랑에 관한 내러티브 탐구." 박사학위 논문, 평택대학교, 2011.
이재하. "어거스틴의 고백록에 나타난 사랑의 개념."「한국교회사학지」제23호 2008, 171-206.
이후정. "어거스틴의 신비주의."「신학과 세계」제33호 1997, 119-45.
정현숙. "아우구스티누스 행복론의 종교 교육적 의의."「종교교육학연구」제35권 2011, 101-20.
최민수. "목회상담에서의 이야기 치료를 통한 개인적 정체성의 이야기로부터 하나님과의 관계적 정체성의 이야기로의 전환."「한국기독교상담학회지」제16권 2008, 233-53.

국외서적

Arendt, Hannah. *The Life of the Mind*. New York : Harcourt Brace Jovanovich, 1978.
_____. *Love and Saint Augustine*. ed. Joanna Vecchiarelli Scott and Judith Chelius Stark. Chicago: The University of Chicago Press, 1996.
Augustine. *The Trinity, The Fathers of the Church*, trans. Stephen McKenna vol. 45, Washington DC: The Catholic University of America Press, 1963.
Babcock, W. S. "Cupditas and Caritas," in *The Enthics of St. Augustine*. Ed. W. S. Bab-

cock. Atanta: Scholars Press, 1991: 39-66.

Berscheid, E. & Walster, E. H. *Interpersonal Attraction*. Addison-Wesley, 1974.

Bourke, Vernon J. *The Essential Augustine*. Indianapolis: Hackett Publishing CompaNew York. 1978.

Brown, Peter. *Augustine of Hippo*. Berkeley : University of California Press, 1967.

Bruner, E. *DogmaticsI*. London : Lutterworth Press, 1962.

Clark, Mark T. ed. *Augustine of Hippo: Selected Writings*. New York: Paulist Press, 1984.

Copleston, F. C. *Aquinas*. Baltimore : Penguin Books, 1963.

D'Arcy, M. C. *Thee Mind and Heart of Love: Lion and Unicon: A Study in Eros and Agape*. New York: H. Holt and Co., 1947.

Fromm, E. *The Art of Loving*. New York: Harper & Row, 1956.

Hatfield, E. & Sprecher, S. "Measuring Passionate Love in Intimate Relations," *Journal of Adolescence, 9* . 1986.

Hill, Edmund. *The Mystery of the Trinity*. London: Geoffrey Chapman, 1985.

Hochschild, Paige. E. *Memory in Augustine's Theological Anthropology*. United Kingdom Oxford University Press, 2012.

Josselson, Ruthellen. *Finding Herself : Pathway to Identity Development in Women*. San Francisco: Jossey-Bass Publishers, 1989.

Miles, R. Margaret. *Desire and Delight : A New Reading of Augustine's Confessions*. New York: Crossroad, 1992.

McGinn, Bernard. *The Presence of God : A History of Western Christian Mysticism, Vol. I*. The Foundations of Mysticism. New York: Crossroad, 1991.

Niebuhr, Reinhold. *Love and Justice*. Philadelphia : The Westminster Press, 1952.

O'Meara. John J. *Charter of Christendom: The Significance of the City of God*. New York : The Macmillan Compa, 1961.

Rigby, Paul. *The Theology of Augustine's Confessions*. New York: Cambridge University Press, 2015.

Starness, Colin. *Augustine' Conversion : A Guide to the Argument of Confessions I-IX*. Waterloo Ont : Wilfred Laurier University Press, 1990.

Windelband, Wilhelm. *A History of Philosophy,* Vol. I. New York: Harper & Brothers Publishers, 1958.

Tillich, Paul. *Systematic Theology, Vol. I*. Chicago : The University of Chicago Press, 1951.